Gwendoline P Point

Wenn die Pubertät ins Kinderzimmer einzieht.

Dämonen vertreiben oder mit ihnen leben – du hast die Wahl

Wenn die Pubertät ins Kinderzimmer einzieht.

Dämonen vertreiben oder mit ihnen leben – du hast die Wahl

Gwendoline P Point

Impressum

Bibliografische Information der Deutschen Nationalbibliothek:
Die Deutsche Nationalbibliothek verzeichnet diese Publikation
in der Deutschen Nationalbibliografie; detaillierte bibliografische Daten sind im Internet über http://dnb.dnb.de abrufbar.

Die automatisierte Analyse des Werkes, um daraus Informationen insbesondere über Muster, Trends und Korrelationen gemäß §44b UrhG („Text und Data Mining") zu gewinnen, ist untersagt.

© 2025 Gwendoline P Point

Lektorat: R R
Korrektorat: R R

Verlag: BoD · Books on Demand GmbH, In de Tarpen 42,
22848 Norderstedt, bod@bod.de

Druck: Libri Plureos GmbH, Friedensallee 273, 22763 Hamburg
ISBN: 978-3-8482-0955-2

WILLKOMMEN ZURÜCK IN DER HÖLLE DER ERZIEHUNG

Kinder sind das Schönste, was es gibt.
Das hat man dir jedenfalls gesagt, bevor du Kinder bekommen hast. „Bekomm Kinder, das wird toll!" haben sie gesagt.

Aber wie beschissen es wird, sobald die Pubertät ins Haus zieht, das hat dir keiner gesagt. Keiner redet über diese Phase, weil die Eltern, die es überlebt haben, immer noch traumatisiert sind und nicht darüber sprechen können.

Die Wahrheit über das Leben mit Kindern erfährst du erst, wenn du eigene hast. Und dann – tja, dann hast du sie. Dann kannst du sie nicht mehr zurückgeben. Oder aussetzen. Es sei denn, sie sind noch klein und finden den Weg nach Hause nicht, aber spätestens in der Pubertät haben sie Google Maps und durchkreuzen deinen Plan.

Blut macht eben dement und blind, deshalb leben so viele Kinder noch zu Hause – anders kann ich es mir nicht erklären. Aber nun gut, jetzt haben wir sie. Sie wachsen, sie gedeihen, und dann passiert das Unvermeidliche: Die Pubertät.

Heilige Scheiße, ist das eine beschissene Zeit. Alles, was du bisher durchgemacht hast – schlaflose Nächte, Windeln, Trotzanfälle – ist Kinderkram im

Vergleich zu dem, was jetzt auf dich zukommt. Also schnapp dir einen Tee oder, wenn du möchtest, Valium, und lass mich dein Tourguide durch diese Hölle sein.

Falls du meinen ersten Ratgeber gelesen hast, dann weißt du bereits, worum es mir geht: Kinder so zu erziehen, dass sie nicht zu kleinen (oder großen) Arschlöchern werden. Klingt hart? Ja, vielleicht. Aber das ist die Realität. Kinder brauchen Regeln, Struktur und vor allem Eltern, die ihre Verantwortung ernst nehmen.

In meinem ersten Buch habe ich ausführlich darüber geschrieben, warum Erziehung so wichtig ist – und warum antiautoritäre Erziehung einfach nur völliger Schwachsinn ist. Bäh! Wirklich, das ist wie ein Rezept für Chaos: Kinder ohne klare Grenzen großziehen und dann überrascht sein, wenn sie sich benehmen wie kleine Tyrannen.

Aber keine Sorge, du musst den ersten Ratgeber nicht gelesen haben, um mit diesem Buch etwas anfangen zu können. Hier knüpfen wir direkt dort an, wo ich aufgehört habe: Wie du durch die turbulente Phase der Pubertät navigierst, ohne deinen Verstand (oder dein Kind) zu verlieren.

Wird es besser? Vielleicht. Habe ich immer recht? Wahrscheinlich nicht.

Aber eines kann ich dir garantieren: Ich werde nichts schönreden, dir eine Menge zum Lachen geben und vielleicht sogar ein paar hilfreiche Tipps, wie du diese Phase überstehst. Also schnapp dir einen Kaffee – oder was auch immer dich über Wasser hält – und lass uns starten. Willkommen in der Hölle.

Was ist ein Teenie?

Ein Teenie ist ein äußerst spezielles Wesen. Manche reagieren extrem empfindlich auf Sonnenlicht, frische Luft und Natur im Allgemeinen – vermutlich, weil all das ihrer Existenz völlig widerspricht. Deshalb ziehen sie sich in ihre dunklen Höhlen zurück und holen sich ihre digitale Sonne ausschließlich über den Bildschirm ihres Handys.

Warum? Weil das Gehirn eines Teenagers eine einzige Baustelle ist – überall offene Straßen, keine Schilder, und die Ampeln fallen ständig aus. Kein Wunder, dass sie sich manchmal benehmen, als wären sie komplett lost.

Da vor allem der präfrontale Kortex – das Steuerzentrum für logisches Denken, Impulskontrolle und Planung – noch mitten in der Entwicklung steckt, kann sich dein Teenager in einem Moment völlig rational verhalten und im nächsten völlig unberechenbar reagieren.
Gleichzeitig übernimmt das limbische System, das für Emotionen und spontane Reaktionen zuständig ist, vorübergehend das Steuer – was Drama, Überreaktionen und scheinbar grundlose Stimmungsschwankungen erklärt.

Ergebnis: Dein Teenie kann manchmal brillant argumentieren und dich mit Logik in Grund und Boden reden – nur um eine Minute später auszuflippen, weil du „die falsche Gabel" auf den Tisch gelegt hast. Nein, das macht er nicht absichtlich. Sein Gehirn ist einfach noch nicht ganz fertig.

Genau deshalb wirken Teenager oft irrational, überempfindlich oder launisch – und genau deshalb fällt es ihnen schwer, Regeln einfach so zu akzeptieren. Ihr Gehirn ist buchstäblich noch nicht bereit, langfristige Konsequenzen realistisch abzuwägen. Es ist nicht immer Trotz – manchmal ist es einfach Biologie.

Sie bestehen aus einer einzigartigen chemischen Zusammensetzung:

80 % Frustration und schlechte Laune

5 % eigener Sprache, hauptsächlich bestehend aus Grunzen, Murren und unverständlichen Lauten.

5 % Lebenskraft, die sie gezielt für das Drücken der Snooze-Taste und das Aufreißen von Chipstüten einsetzen.

10 % Mischung aus:

- schlechten Gerüchen
- Augenverdrehen
- Fremdschämen für die Spezies, die sich Eltern

- und einer extrem ausgeprägten Daumenmusku-
latur – die notwendig ist, um ihren digitalen Son-
nenschutzfaktor sicherzustellen.

Bevor sich jetzt alle Teenies beschweren: **Ja, ich
weiß, nicht alle sind faul, grummelig und von
TikTok besessen.** Es gibt sie wirklich – die Teenager, die sich sozial engagieren, gute Noten schreiben,
im Sport brillieren oder sogar (halte dich fest) freiwil-
lig ein Buch lesen.

Falls du so ein Exemplar zu Hause hast:
Glückwunsch! Wahrscheinlich ist es ein verirrtes
Genie, das den Rest der Menschheit einfach nur noch
nicht verstanden hat.

Aber hier ist das Ding: Selbst die engagiertesten,
motiviertesten Teenager haben ihre „Pubertäts-Mo-
mente". Sie können super diszipliniert sein – und
trotzdem beim kleinsten Elternsatz die Augen
verdrehen. Sie können Verantwortung übernehmen –
aber bei einer einfachen Bitte („Kannst du bitte die
Wäsche runterbringen?") tun, als wäre das eine
unmenschliche Folter.

Fazit: Ja, es gibt Teenager, die schon wissen, wo sie
hinwollen – aber die Pubertät erwischt trotzdem
alle. Und Eltern müssen sich trotzdem mit dem
Chaos herumschlagen – egal, wie „vernünftig" ihr
Kind ist.

AUF DEN PUNKT GEBRACHT:

✔ Teenies sind nicht irrational, sondern ihr Gehirn ist im Umbau.

✔ Sie testen Grenzen nicht, um dich zu ärgern – sondern weil es Teil ihres Reifeprozesses ist.

✔ Gib ihnen Struktur, aber auch Spielraum – das hilft ihnen, selbstständig zu werden.

DIE WAHRHEIT ÜBER KINDER UND WARUM NIEMAND SIE DIR SAGT

Wie oft hast du dich gefragt, warum dir niemand die Wahrheit gesagt hat? Diese ganzen wohlklingenden Floskeln über die Schönheit des Elternseins – sie waren nichts weiter als Schall und Rauch.

Ich meine, ja, Kinder können wirklich toll sein. Aber die Vorstellung vom perfekten Baby, vom perfekten Kind und von der Leichtigkeit, es durchs Leben zu begleiten? Die Realität hat mir eines Besseren belehrt. Irgendwann klopft sie unweigerlich an deine Tür – und du fragst dich, warum dir keiner gesagt hat, was wirklich auf dich zukommt.

Niemand kann dir vorhersagen, wie es tatsächlich werden wird. Die Erziehung – und zwar ab Tag eins – macht sehr viel aus. Wie manipulierend und clever dein Kind ist, spielt ebenfalls eine große Rolle. Und natürlich darf man dein Umfeld nicht vergessen. Denn wer liebt sie nicht, diese gut gemeinten Ratschläge?

Weißt du, was ich mit diesen unnötigen Floskeln gemacht habe? Genauso ignoriert wie meinen Kinderarzt, der behauptet hat, mein Kind sei hyperaktiv. Nur weil sie gerne laut war und viel gelacht hat. Aber hey, zum Glück hat dieser Heini studiert. Was kann ich da schon dagegenhalten?

Ich habe aber eines gelernt: Ein Kind zu haben, ist einerseits sehr schön, aber andererseits gibst du auch sehr viel von dir und deinem Leben auf.

Oh, Achtung! Ich höre sie schon: „Wie kannst du nur so etwas sagen? Und das von einer Mutter!" Ja, ich bin selbst Mutter. Und ja, ich habe einen Ehemann, der sich manchmal genauso bescheuert verhält wie die Kinder. Also bitte, ruhig bleiben – ich weiß, wovon ich rede.

Ich will nicht sagen, dass Kinder zu haben eine Katastrophe ist, aber es gibt Tage, an denen ich die Naturgesetze verstehe, die sagen: Manche Tiere fressen ihren Nachwuchs. Ehrlich, manchmal wirkt das wie eine echte Überlebensstrategie. So, jetzt ist es raus!

Nun gut, wir sind also bereits in dieser Situation. Unsere Kinder haben die ersten Jahre mehr oder weniger gut überstanden. Wir haben viel mit ihnen gelacht, geweint und neue Erfahrungen gesammelt. Aber jetzt beginnt der wahre Trip – die Pubertät!

Bei einigen beginnt sie mit elf, bei anderen früher – und manchmal zeigt sie sich schon mit fünf, wenn die ersten Anzeichen von Aufstand und Auflehnung durch die Tür schlüpfen. So oder so, die Pubertät trifft dich unerwartet – wie ein Hammerschlag.

Eben war dein Kind noch süß und niedlich, und über Nacht hat der Dämon des Valium-vs.-Flash zugeschlagen. Dieses entzückende Wesen, das dir morgens mit leiser Stimme ein „Guten Morgen" ins Ohr gehaucht hat, verwandelt sich plötzlich in ein brummendes Etwas, das aus der Dunkelheit auftaucht. Seine Motivation reicht gerade aus, um ein Faultier zu überzeugen, sich mit Lichtgeschwindigkeit auf den nächsten Baum zu verkriechen.

Doch wehe, es geht um das Aufräumen des Zimmers oder – Gott bewahre – das Herunterbringen der schmutzigen Wäsche! Von der unmenschlichen Aufgabe, saubere Wäsche in den Schrank zu räumen, ganz zu schweigen. Dann werden sie zum Blitz. Sie schimpfen, beleidigen und knallen die Türen so laut, dass selbst die Nachbarn einen Schreck kriegen.

Mein lieber Scholli, aus dem schlafenden Dornröschen wird in Sekunden ein unbändiger Drache. Ehe du weißt, wie dir geschieht, brennt die Luft, und dein Gehirn hat noch nicht mal die Zeit gehabt, die Lage zu begreifen.

Reflexartig schließt du die Augen und sagst dir selbst: „Es ist nur eine Phase. Alles wird wieder gut." Aber innerlich weißt du ganz genau, dass dies erst der Anfang eines sehr langen und steinigen Weges ist.

Nun gut, dein Kind hat seinen Standpunkt klar gemacht, und während du vor der Wahl stehst, ob jetzt ein Kaffee oder doch die Flasche Wein das Richtige ist, überlegst du dir um 09:00 Uhr morgens, deinen ehemaligen Dealer anzurufen, um dich mit sauberem Stoff zu versorgen. Hey, wer weiß? Vielleicht besänftigt es das Unwesen, das dein Kind in dieses unausstehliche Wesen verwandelt hat.

Aber so oder so: Drogen können – oder sollten – nie die Lösung sein. Und egal, wie sehr uns unsere Kinder auf die Nerven gehen, eines sollten wir immer tun: **Unseren Kindern sagen, dass wir sie lieben!**

Auch wenn sie nicht darauf antworten oder nur mit einem genervten Augenrollen reagieren. Wir müssen es trotzdem immer wieder sagen. Denn in einer Welt, in der Handys und soziale Medien regieren, werden Kinder immer einsamer. Sie schotten sich ab, ziehen sich zurück – und oft fühlen sie sich allein.

Dieses kleine „Ich liebe dich" bleibt in ihrem Kopf. Auch wenn sie es nicht zeigen, sie hören es. Sie wissen, dass sie geliebt werden, und sie wissen, dass sie nicht allein sind. Und das ist vielleicht das Wichtigste, was wir unseren Kindern mitgeben können. Ach, ich wollte doch nicht heulen.
So, Entschuldigung – weiter geht's...

AUF DEN PUNKT GEBRACHT:

✔ **Kinder sind nicht perfekt – und das ist okay.** Eltern haben oft falsche Erwartungen.

✔ **Eltern machen Fehler – aber das Wichtigste ist, aus ihnen zu lernen.**

✔ **Vergiss Erziehungsideale – Realität ist chaotisch, aber mit Klarheit und Konsequenz überwindbar.**

FRÜHER WAR NICHT ALLES BESSER – ABER DIE MANIEREN WAREN ES!

Früher war nicht alles besser. Das wissen wir alle. Aber eines war mit Sicherheit besser:

Manieren.

Und wenn ich heute sehe, wie Teenies ihre Eltern behandeln, frage ich mich, wie wir soweit kommen konnten.

Wie kommen wir also wieder dahin? Ganz einfach:

Disziplin, Regeln und die Einstellung eines Wolfes.

Aber nicht irgendeine Fellnase, die den ganzen Tag kuscheln will. Ich rede vom Alpha. Vom Leitwolf. Der Alpha weiß genau, wo es langgeht. Er leitet sein Rudel, er zeigt Stärke – und ja, er drückt seinen Teenie auch mal mit dem Rücken zu Boden, um ihm zu zeigen, wer der Chef ist.

Natürlich nur bildlich gesprochen.
Das Problem heute ist nicht, dass Teenies frech sind. Das waren sie schon immer.
Das Problem ist, dass viele Eltern – und wir reden hier von erwachsenen Menschen mit festen Jobs und Verantwortung – **Angst haben, ihre Kinder zu erziehen**.

Warum? Weil Teenies mürrisch sind, schnell explodieren und die Stimmung eines Gewitters mitbringen. Und an dieser Stelle habe ich nur eine Frage:

Was soll der Scheiß?

Erinnere dich an deine Teeniezeit zurück … Ja, ich warte. Kein Problem.

Versetz dich in dein Kinderzimmer, das mit Postern deiner Idole vollgekleistert war. Im Hintergrund läuft dein Kassettenspieler, deine Lieblingsband spielt, und mit jedem Takt der Musik wird deine Laune besser. Du bist in deiner Welt. Alles ist perfekt.

Und dann kommt deine Mutter ins Zimmer. Sie sagt: *„Mach die Musik leiser, man hört sein eigenes Wort nicht mehr.“*

Was hast du gemacht? Richtig: Du hast **OHNE ZU DISKUTIEREN** die Musik leiser gedreht oder dir die Kopfhörer aufgesetzt. Ende der Diskussion.

Jetzt stell dir aber vor, dieselbe Szene läuft ab, aber mit dir als Teenie von heute. Deine Mutter steht vor dir, bittet dich, die Musik leiser zu machen, und du antwortest: *„Man, was willst du jetzt schon wieder von mir?! Geh weg und lass mich in Ruhe!“*

Ja, genau. Du wärst wahrscheinlich nicht mal mehr zum Atmen gekommen. Die einzige Ruhe, die du danach gehabt hättest, wäre deine letzte Ruhe gewesen.

Ich weiß, dass du gerade mit dem Kopf nickst. Ich sehe es vor mir. Denn ich wäre mit dieser Antwort genauso weit gekommen wie du.

Warum also, erziehen wir unsere Gnome nicht genauso?

Aus Angst? Bequemlichkeit? Oder doch Ignoranz?

Mach dir mal Gedanken über diese Fragen. Warum erlauben wir heute so vieles, das unsere Eltern niemals durchgehen lassen hätten?

Sind wir wirklich so „modern" geworden, oder haben wir schlichtweg vergessen, dass **Respekt** etwas ist, das man aktiv vorlebt – und auch einfordert?

Und so geht das:

Mit klaren Regeln und ohne Angst.
Wenn du eine Richtung vorgibst, dann halte sie durch. Ja, dein Teenie wird die Augen verdrehen. Ja, es wird explodieren, knurren und brüllen wie ein wütender Wolf. Aber ein Alpha bleibt ruhig.
Ein Alpha macht sich nicht ins Höschen, nur weil das Rudel aufmuckt.

Was bedeutet das für dich?

Keine Angst vor Konflikten: Dein Teenie wird es überleben, wenn du „Nein" sagst. Und du auch.
Klare Ansagen: Wenn du sagst, dass die Wäsche runtergebracht werden soll, dann zieh das durch –

ohne Diskussion.

Konsequenzen: Kein Respekt? Dann gibt es keine Extras. Ganz einfach.

Die 3 goldenen Regeln für klare Erziehung

1. Keine Angst vor Konflikten
Dein Teenie wird es überleben, wenn du „Nein" sagst. Und du auch. Kein Grund für Schuldgefühle – dein Job ist es, Erziehung statt Beliebtheit zu wählen.

2. Klare Ansagen statt Verhandlungen
Sag nicht: „Mach doch bitte deine Hausaufgaben…"
Sag stattdessen: „Bis 18 Uhr sind die Hausaufgaben erledigt. Punkt."
Wenn du nachgibst, sobald dein Kind genervt „Boah, warum?!" ruft, dann hast du verloren.

3. Konsequenzen müssen sein – aber fair
Kein Respekt? Dann gibt's keine Extras. Ganz einfach. Regeln ohne Konsequenzen sind wie Verkehrsregeln ohne Polizei – niemand nimmt sie ernst.

Der Alpha erzieht mit Respekt, nicht mit Angst
Es geht nicht darum, Angst zu verbreiten. Es geht darum, Stärke zu zeigen, Grenzen zu setzen und Respekt zu verlangen. Teenies brauchen diese Klarheit, auch wenn sie es nie zugeben würden.
Am Ende machst du nicht nur das Leben für dich und dein Kind leichter – du bereitest sie darauf vor,

selbst starke und verantwortungsvolle Erwachsene zu werden. Alles andere ist eine Einladung zum Chaos.

Sei der Alpha – nicht das Eichhörnchen

Das Rudel braucht Führung.

Und das bist du.

Also zeig Stärke, sei klar und beständig – und lass dich nicht von einem Augenrollen oder einem dramatischen „Du bist so unfair!" aus der Ruhe bringen.

Denn vergiss niemals:

Ein Alpha führt. Ein Eichhörnchen sammelt nur Nüsse!

Zusammengefasst, so setzt du Grenzen, ohne Wie du in endlose Diskussionen zu geraten:

1. Klare Ansagen statt Verhandlungen:
„Die Wäsche kommt bis 18 Uhr runter." Kein „bitte", keine langen Erklärungen. Kurz, knapp, unmissverständlich.

2. Diskussionen verweigern:
Falls ein „Warum?" oder „Später!" kommt: „Weil wir das so vereinbart haben. Punkt." – und dann nicht weiter diskutieren.

3. Konsequenzen durchziehen:
Ist die Wäsche um 18:01 Uhr nicht unten? Kein sauberes Shirt für morgen – nicht dein Problem.
WLAN-Pause, bis es erledigt ist? Gute Wahl.
Eltern sein bedeutet nicht, sich auf sinnlose Wortgefechte einzulassen – sondern klare Regeln mit Respekt und
Konsequenz durchzusetzen.

Väter & Töchter – eine ganz eigene Herausforderung.

Wenn du als Vater eine Tochter hast, dann weißt du: Pubertät verwandelt dein kleines Mädchen in ein fremdes Wesen mit unberechenbaren Stimmungsschwankungen.
Gestern noch „Papa ist der Beste!", heute „Boah, peinlich!" – und morgen? Keine Ahnung.

✔ Sie will unabhängig sein, aber auch, dass du für sie da bist.
✔ Sie tut so, als wäre ihr deine Meinung egal – ist sie aber nicht.
✔ Sie kann dich gleichzeitig lieben und hassen – innerhalb von fünf Minuten.

3 Dinge, die Väter in der Pubertät ihrer Tochter verstehen müssen:

1. Dein Job ist nicht, ihr bester Freund zu sein – sondern ihr sicherer Hafen.
Sie wird dich manchmal zurückweisen – das ist normal. Bleib trotzdem da, hör zu und gib ihr Sicherheit.

Sie muss wissen: Egal, was passiert, du bist für sie da.

2. Nimm ihre Gefühle ernst – auch wenn sie übertrieben wirken.
„Aber ALLE dürfen das!" (Nein, tun sie nicht, aber sag das besser nicht.)
„Mein Leben ist RUINIERT!" (Heißt: Sie hatte Streit mit einer Freundin.)
Lösung: Nicht kleinreden. Einfach sagen: „Okay, erzähl mir, was los ist."

3. Bleib ein Vorbild für Respekt und Verlässlichkeit.
Wie du mit ihrer Mutter, mit Frauen und mit ihr selbst umgehst, prägt ihr Bild von Männern.
Wenn du fair, ruhig und konsequent bleibst, lernt sie, wie ein starker Mann sich verhält.

Wichtig: Grenzen setzen, aber ohne Abwertung oder Sarkasmus – das kommt bei Töchtern oft härter an als bei Söhnen.

Goldene Regel:

Sie wird dich testen. Sie wird dich nerven. Sie wird Dinge sagen, die dich verletzen.
Aber wenn du standhaft bleibst und sie respektvoll behandelst, wirst du der erste Mann in ihrem Leben sein, der ihr zeigt, was Respekt und Liebe bedeuten.
Und das wird sie prägen – für immer.

Mein Vater war nie für mich da, mach nicht denselben Fehler wie er. Denk bitte immer daran: Ein Vater ist die erste und oft auch die prägendste Liebe einer

Tochter. Doch wenn du versuchst, sie aus Angst vor dem Verlust einzusperren – durch Verbote, Kontrolle oder übertriebene Strenge – wirst du genau das Gegenteil erreichen.

Je enger du die Leine ziehst, desto stärker wird ihr Drang, auszubrechen. Und wenn sie dann geht, wird sie nicht nur dir entgleiten – sondern vielleicht in die Arme eines Fremden geraten, der sie nicht wertschätzt, sie schlecht behandelt oder ihr seelischen Schaden zufügt.

Vergiss nicht: Je kürzer die Kette eines Hundes, desto weiter rennt er, wenn er sie endlich zerreißt.

Sei nicht der Grund, warum sie sich von dir entfernt. Sei der Grund, warum sie gerne nach Hause kommt. Sei der Grund, warum sie nach einem Missgeschick sagt: "Ich rufe Papa an, der weiß, was zu tun ist."

Denn wenn sie weiß, dass sie dir alles anvertrauen kann, wird sie dich nicht meiden – sondern sich an dich wenden, bevor sie eine noch größere Dummheit begeht. Und vielleicht bist du nicht nur der sichere Hafen für deine Tochter, sondern auch für ihre Freunde – bevor sie sich an entweder an jemanden wenden, der es nicht gut mit ihnen meint, oder noch die größere Scheisse bauen.

AUF DEN PUNKT GEBRACHT:

✔ Teenies brauchen klare Regeln – auch wenn sie es nie zugeben würden.

✔ Eltern dürfen (und müssen) Autorität zeigen – ohne Angst vor Konflikten.

✔ Respekt beginnt zu Hause – wenn du klare Grenzen setzt, lernt dein Kind fürs Leben.

✔ **Sei kein Arschloch und lass ihr Luft zum Atmen.** Sie wird dich nie verlassen, wenn du ihr den Weg zur Freiheit zeigst.

ALLER ANFANG IST SCHWER

Vor allem dann, wenn du versuchst, etwas zu reparieren, das du zuvor mit Bravour verhunzt hast. Ja, ich höre es schon wieder: „Wie kannst du nur sowas behaupten, ohne mich oder meine Erziehung zu kennen?"

Aber seien wir ehrlich: Stimmt es denn etwa nicht? Habe ich absolut Unrecht? Wenn du diese Frage mit „Ja" beantworten kannst, dann leg das Buch weg. Oder verbrenne es. Mach damit, was du willst.

Aber wenn ich Recht habe – auch nur ein bisschen – dann lass uns gemeinsam daran arbeiten. Ich werde dich weder anlügen noch die schlimme Zeit, die auf dich zukommt, schönreden. Es wird richtig scheiße und verdammt hart. Für dich und für dein Kind.

Hier sind 5 schnelle Wege, um sofort Konsequenz in deine Erziehung zu bringen:

Mach keine leeren Drohungen.
„Wenn du jetzt nicht aufhörst, gibt's eine Woche kein Handy!" – und dann gibst du es doch nach zwei Stunden zurück? Fehler! Setze nur Konsequenzen durch, die du auch wirklich durchziehen kannst.

Bleib ruhig – egal, wie laut dein Kind wird.
Teenies testen dich. Sie brüllen, sie diskutieren, sie drehen durch – aber je ruhiger du bleibst, desto eher verpufft das Drama. Du bist der Fels in der Brandung – keine Fähre in der Sturmflut.

**Verknüpfe Konsequenzen mit der Handlung –
nicht mit deinen Emotionen.**
„Weil du mich sauer gemacht hast, bekommst du
jetzt Hausarrest!" bringt nichts. Besser: „Du hast
deine Hausaufgaben nicht gemacht? Dann bleibt
heute die PlayStation aus." Klare Ursache – klare
Wirkung.

Sei berechenbar.
Mal lässt du alles durchgehen, mal drehst du durch?
Dann wird dein Teenie immer versuchen, dich zu tes-
ten. Klare Regeln, konsequent angewandt = weniger
Stress für alle.

Gib Lob, wenn dein Kind sich an Regeln hält.
„Danke, dass du das direkt erledigt hast!" ist
mächtiger als du denkst. Teenies tun oft so, als wäre
ihnen deine Meinung egal – ist sie aber nicht.

**Erziehung bedeutet nicht Kontrolle – sondern
Klarheit.**

Je berechenbarer du bist, desto leichter wird es für
dein Kind, sich an Regeln zu halten. Chaos entsteht
nicht, weil Teenies schwierig sind – sondern weil sie
nicht wissen, was von ihnen erwartet wird.
Und wenn du dich fragst, ob sich das jemals ändern
wird? Ja, aber erst, wenn sie selbst Kinder haben –
dann rufen sie dich an und sagen: „Mama/Papa, du
hattest recht…"
Teamwork ist entscheidend

Wenn du nicht alleinerziehend bist, wird es umso wichtiger, dass du und dein Partner am selben Strang zieht. Ihr seid ein Team.

Und als Team dürft ihr euch auf keinen Fall gegeneinander ausspielen lassen. Teenies sind clever. Sie werden es versuchen – immer und immer wieder. Ein kleiner Streit zwischen euch? Sie wittern ihre Chance. „Mama hat aber gesagt …" Oder: „Papa erlaubt es mir doch auch!"
Lass das nicht zu. Sonst überlasst ihr eurem Kind das Ruder. Und dann? Dann lasst ihr das Schiff sinken.

Wie bleibt das Schiff auf Kurs?
Klare Regeln, die für alle gelten:
Setzt euch zusammen und besprecht eure Erziehungsstrategie. Seid euch einig. Egal, wie genervt ihr seid, haltet euch an das, was ihr vereinbart habt.

Keine Diskussionen vor dem Kind:
Meinungsverschiedenheiten gibt es immer, das ist normal. Aber klärt sie niemals vor eurem Teenie. Es reicht schon, **wenn ihr mit einer Stimme sprecht – das gibt Sicherheit.**

Gemeinsam Stärke zeigen:
Dein Kind muss wissen: Mama und Papa sind ein Team. Egal, wie oft es versucht, euch auseinanderzuspielen, ihr steht zusammen.

Was, wenn du alleinerziehend bist?
Kein Problem, dann bist du eben dein eigenes Team.

Es mag härter sein, aber es ist machbar. Und ehrlich gesagt? Es gibt Vorteile. Du musst dich nicht mit einem Partner abstimmen. Was du sagst, gilt. **Punkt!**

Die meisten Erziehungsratgeber tun so, als ob es immer zwei Elternteile gibt, die sich abwechseln können. Aber was, wenn du ALLES allein machst? Regeln aufstellen, Grenzen setzen, Konflikte austragen – und das, während du nebenbei arbeitest, kochst, aufräumst und irgendwie nicht durchdrehst?

Hier sind 5 Dinge, die dir helfen können, ohne dich dabei selbst zu verlieren:

<u>1 Wähle deine Kämpfe weise.</u>

Du kannst nicht jedes einzelne Fehlverhalten kontrollieren. Fokussiere dich auf die drei wichtigsten Regeln, die du wirklich durchziehen willst – der Rest kann warten.

<u>2 Nutze „Wenn-Dann"-Regeln.</u>

Statt dich ständig zu wiederholen: „Wenn die Hausaufgaben bis 18 Uhr nicht gemacht sind, gibt's kein WLAN." Einfach, direkt und nicht verhandelbar.

<u>3 Mach dein Kind mitverantwortlich.</u>

„Ich schaffe das nicht allein. Entweder wir ziehen zusammen an einem Strang oder du kannst dein eigenes Chaos regeln."

Jugendliche hassen Verantwortung – genau deshalb funktioniert sie.

<u>4 Plane Belohnungen ein – nicht nur Strafen.</u>

Harte Konsequenzen sind wichtig – aber vergiss nicht, auch mal positive Verstärkung zu nutzen. „Danke, dass du dein Zimmer aufgeräumt hast – ich hab's bemerkt!" kann Wunder wirken.

<u>5 Vergiss das schlechte Gewissen.</u>

Nein, dein Kind leidet nicht, weil du allein erziehst. Es leidet nur, wenn du keine klaren Grenzen setzt. Also bleib stark – du machst das großartig!

Es wird schwer, aber es lohnt sich.

Keiner hat gesagt, dass es leicht wird. Aber wenn du bereit bist, ehrlich mit dir selbst zu sein und an dir zu arbeiten, hast du schon die halbe Miete.

Es wird Momente geben, in denen du aufgeben willst. In denen dein Kind dich zur Weißglut bringt.

Aber denk daran: Du bist der Kapitän des Schiffes. Und auch wenn es stürmisch wird – am Ende wirst du sicher in den Hafen steuern.

AUF DEN PUNKT GEBRACHT:

✔ **Konsequenz ist wichtiger als Strenge.** Es geht nicht darum, ein Tyrann zu sein – sondern klar und Verlässlich.

✔ **Leere Drohungen machen dich unglaubwürdig.** Sag nur das an, was du auch wirklich durchziehst.

✔ **Dein Kind will dich testen – aber du entscheidest, ob es damit durchkommt.**

WIE DU DEIN KIND DAZU BRINGST, SEIN ZIMMER AUFZURÄUMEN

Als Erstes musst du vergessen, dass dein Kind dein eigenes Fleisch und Blut ist.

Du bist der Chef.

Kein Schreien. Kein Befehlen. Keine Vorwürfe. Ja, ich weiß – klingt widersprüchlich. Willkommen in der Pubertät!

Bevor du loslegst, tief durchatmen. Du brauchst Geduld – und einen guten Plan. Denn wenn du nicht aufpasst, endet die Zimmeraufräum-Aktion in einem Drama, das selbst Netflix nicht besser inszenieren könnte. Also: Erst überlegen, dann handeln. Sonst steht ihr beide am Ende des Tages vor einem Haufen Wäsche und einem noch größeren Haufen schlechter Laune.

Ziel: Das Zimmer des Grauens. Pardon, das Zimmer deines Kindes.

Du klopfst an. Die Antwort? Natürlich ein liebevolles „Was ist jetzt schon wieder?" oder das charmante „Hä?" Lass dich nicht ablenken. Das gehört zum Spiel.

Hier sind zwei Methoden, wie du deine Bitte vorbringen kannst. Wähle die, die zu deiner Tagesform passt:

Die sanfte Stimme (ruhig und strategisch)

„Hey, ich wollte dich kurz um etwas bitten. Ich weiß, dass du gerade mit wichtigen Dingen beschäftigt bist – wahrscheinlich rettest du das Universum – aber ich wäre dir echt dankbar, wenn du die Wäsche runterbringen könntest. Es dauert nur ein paar Minuten, und danach kannst du sofort wieder zurück in deine eigene Welt abtauchen."

Dein charmantes Lächeln sollte so sarkastisch wirken wie das vom Joker – genau auf der Grenze zwischen freundlich und unheimlich. Falls du dir nicht sicher bist, ob du es richtig hinbekommst, stell dich vor den Spiegel und übe. Übe so lange, bis du selbst ein bisschen Angst bekommst.

Der Sarkasmus-Schlag

„Hey, kleiner Weltuntergang. Ich wollte nur kurz sagen, dass ich gerade ein Wunder in der Waschküche beobachtet habe. Die Waschmaschine steht da unten.

Einsam. Traurig. Sie sehnt sich nach Gesellschaft. Wie wäre es, wenn du die schmutzige Wäsche runterbringst und ihr zeigst, dass sie nicht allein ist?"

Jetzt wartest du. Vielleicht kommt ein Augenrollen. Vielleicht eine kleine Beleidigung. Oder – wenn die Sterne günstig stehen – dein Kind bewegt sich tatsächlich.

Wenn nicht? Erinnere dich an den Wodka hinter deinem Ohr. Tief durchatmen. Und sag dir selbst: „Es ist nur eine Phase."

Wichtig dabei ist: Sollte sich dein Kind nicht in Bewegung setzen oder anfangen zu diskutieren, dann halte kurz inne und erinnere dich daran, wie es war, als du ein Teenie warst. Wie hätten deine Eltern reagiert, wenn du so geantwortet hättest, wie es dein Kind bei dir macht?

Richtig: Ein Blick hat damals gereicht, und du wusstest sofort, wie weit du noch gehen kannst – oder ob es längst zu spät ist.
Ich bin absolut gegen Gewalt, davon halte ich nichts. Aber ich halte sehr viel von Respekt.

Respekt ist der Schlüssel.

Wenn du ihn erwartest, musst du ihn auch geben.
Aber verwechsle Respekt niemals mit Unterwerfung.

In einem Wolfsrudel zeigt der Alpha seine Macht oft allein durch seine Präsenz.
Kein ständiges Knurren, kein wildes Zähnefletschen.
Er sitzt da, majestätisch, schaut sein Rudel an – und alle wissen Bescheid: „Er ist der Boss."

Das kannst du auch. Werde wie ein Wolf.
Ein Alpha ist nie einsam, aber er ist der Chef. Die anderen im Rudel? Sie wissen genau, wie weit sie gehen können, und wagen es nicht, die Grenzen auszutesten.

Wenn dein Kind sich dir gegenüber respektlos verhält
oder aufmüpfig wird, musst du ganz klar die Grenzen
ziehen. Wenn du also sagst: „Bring die Wäsche runter," dann muss es so geschehen.
Und jetzt höre ich dich schon: *„Aber mein Kind ist so
stur!"*

Herzlichen Glückwunsch.
Du hast dir dein ganz persönliches, herangezüchtetes
Arschlochkind erschaffen.

Aber keine Sorge, es ist nicht zu spät. Wie ein guter
Alpha kannst du immer noch die Kontrolle
übernehmen und die Hierarchie wiederherstellen.

Was heißt das für dich?
Keine Wutausbrüche, keine Dramen.
Setz dich ruhig hin, schau dein Kind an – mit genau
diesem Blick, der sagt: „Ich bin geduldig, aber nur bis
zu einem gewissen Punkt." Dein Teenie wird die
Message schon verstehen.

Praktische Tipps für die Wäsche-Schlacht

Wie bringst du dein Kind also dazu, endlich die
Wäsche runterzubringen?

Ganz einfach:
Wähle eine der oben genannten Varianten (die sanfte
Stimme oder die bissige Wahrheit).

Lass die Tür zur Hölle – pardon, zum Teenie-Zim-
mer – offen.

Lüfte eine Runde, falls die Luft toxisch ist.
Gib deinem Teenie – oder deinem „Mini-Alpha" –
etwas Zeit, sich zu bewegen.

Und wenn das alles nichts hilft?

Dann wird es Zeit, härtere Geschütze aufzufahren.
Hier ein paar bewährte Maßnahmen, die garantiert
Eindruck machen: **Schalte das WLAN aus.**

Plötzlich wird dein Teenie erstaunlich agil. Du
glaubst gar nicht, wie schnell Bewegung in die Sache
kommt, wenn die digitale Welt plötzlich weg ist.

Hol das Handy als Pfand.

„Du bekommst es zurück, sobald die Wäsche unten
ist." Ohne ihr zweites Gehirn fühlen sich Teenies erstaunlich motiviert, Aufgaben zu erledigen.

Verstecke die Konsole.

Am besten sagst du, du hast sie aus Versehen mit
dem Altpapier rausgestellt. Ups.

Mein persönlicher Favorit:
Drohe damit, dein Kind in Leggings und
Lockenwicklern bis zur Klassentür zu begleiten. Und
mach die Leggings bitte wirklich parat.
Dein Teenie wird dir vielleicht nicht sofort die Wäsche bringen, aber Respekt? Den bekommst du
sicher!

Manchmal braucht es klare Grenzen, ein bisschen Humor und den Mut, auch mal unkonventionelle Maßnahmen zu ergreifen.

Dein Ziel? **Die Kontrolle über das Rudel behalten.**

Dein Vorteil? **Du bist der Alpha**. Und der Alpha hat immer das letzte Wort.

Eine Sache muss ich aber noch sagen:

Ein sauberes und ordentliches Zimmer ist eine gute und schöne Sache. Aber jetzt mal ehrlich – lohnt es sich wirklich, jedes Mal ein Fass aufzumachen, nur weil irgendwo ein Shirt auf dem Boden liegt? Klar, mein innerer Monk bekommt gerade eine handfeste Krise, während ich das hier schreibe, aber irgendwann musste auch ich mir diese Frage stellen.

Und weißt du was? Es lohnt sich überhaupt nicht. Es ist das Zimmer deines Kindes, und so soll es auch bleiben – ein Rückzugsort. Wir Eltern quatschen schon überall sonst rein, geben Befehle und setzen Regeln, da braucht dein Kind einen Ort, wo es einfach es selbst sein kann. Ohne ständige Kommentare, ohne die Anforderungen eines Erwachsenen. Natürlich gibt es Grenzen: Solange es nicht nach Tod und Verderben riecht oder das Gesundheitsamt droht, einzuschreiten, kann man mal ein Auge zudrücken.
Versteh mich nicht falsch – ich liebe Sauberkeit und Ordnung. Aber wie soll dein Kind das selbst lernen,

wenn wir ständig eingreifen und daran erinnern, den Saustall aufzuräumen? Vielleicht ist genau das die Gelegenheit für uns Eltern, loszulassen. Es muss ja nicht die gesamte Wohnung sein, aber ein Raum, ein Zimmer, sollte deinem Kind gehören – so wie es ist. Und wer weiß, vielleicht fällt es dir in diesem Bereich sogar am leichtesten, loszulassen.

So, und jetzt entschuldige mich, ich muss meinen Monk wieder in den Alpha verwandeln, bevor die beiden sich ins Fell kriegen.

AUF DEN PUNKT GEBRACHT:

✔ **Aufräumen ist nicht verhandelbar – es ist eine Grundregel, keine Option.**

✔ **Mach klare Ansagen: „Bis 18 Uhr ist das Zimmer sauber" statt „Kannst du bitte aufräumen?"**

✔ **Konsequenzen sind dein bester Freund: Kein aufgeräumtes Zimmer? Dann gibt's eben keine Extrawünsche.**

✔ **Lob wirkt Wunder – auch wenn dein Teenie so tut, als wäre es ihm egal.**

ZIMMERARREST ODER RAUS IN DIE NATUR? WARUM VAMPIRE DAS SONNENLICHT MEIDEN

Ich erinnere mich noch daran, als ich selbst ein Teenie war – das war so Mitte der 90er.
Ich meine, das ist gar nicht so lange her, aber ich schweife ab. Damals gab es für meine Clique und mich nichts Schöneres, als draußen zu sein. Die Luft roch nach Abenteuer, das Gras war unser Treffpunkt, und die Sonne unser ewiger Begleiter.

Und jetzt? Jetzt haben wir Teenies, die bei jedem Sonnenstrahl die Vorhänge zuziehen, als wäre das Licht eine unmittelbare Bedrohung ihres Lebens. Es ist, als hätten wir eine neue Generation von Vampiren großgezogen.

Das Problem? Sie kommen nicht einmal raus, um die Nachbarn auszusaugen – sie bleiben einfach in ihrer Höhle. Und viele Eltern lassen sie dort sitzen. In ihren versifften Zimmern, die nach alten Socken und Verzweiflung riechen, während sie sich in der Illusion verlieren, eines Tages TikTok-Stars zu werden.

Unglaublich, oder? Und dann stehen da tatsächlich Eltern daneben, stolz wie Bolle, und sagen: „Ja, mein Kind wird es mal sehr weit bringen mit seinen Talenten als IT-Experte!"

Ja klar. Nur weil es YouTube bedienen kann und bei TikTok ein Emoji als Kommentar hinterlässt.

Bei ignoranten Eltern mag das Eindruck schinden, aber die Realität? Die sieht leider ganz anders aus. In der echten Welt braucht es eben ein bisschen mehr als stundenlang auf Social Media zu scrollen und sich da als Kommentator des Jahres zu profilieren.

Das wird nie Geld aufs Konto schwemmen. Oder glaubt ihr wirklich, dass Steve Jobs – ihr wisst schon, der Erfinder von Apple, dieses Ding mit dem angebissenen Apfel – so weit gekommen ist, weil er im Internet rumgesurft ist?

Natürlich nicht!

Er ist so weit gekommen, weil er Bücher gelesen hat. Sich weitergebildet hat. Eine Eigenschaft, die heute immer mehr verloren geht.

Und genau da stehen wir als Eltern in der Pflicht: Unsere Brut dazu zu bringen, wenigstens einmal in ihrem Leben ein Buch in die Finger zu nehmen.

Genauso wie Lesen früher ein Zeichen für Bildung und Intellekt war, ist es heute ein Zeichen dafür, dass man keine Freunde hat. Wie armselig ist das bitte?

Wir leben in einer Welt, in der Wissen nur einen Klick entfernt ist, aber kaum jemand wirklich danach greift. Wenn wir unsere Kinder dazu bringen wollen, sich zu bilden, dann müssen wir bei uns selbst anfangen.

Aber was kannst du tun, wenn du deinen Nachwuchs zu Bildung verleiten willst?

Dann gibt es nur einen Weg: **Lebe es vor**!

Nicht nur befehlen: „Du solltest mal ein Buch lesen." Sondern vorleben: Nimm selbst ein Buch in die Hand. Setz dich neben dein Kind. Zeig, dass Lesen keine Strafe ist, sondern eine Reise in eine andere Welt.
Also schnapp dir ein Buch, schnapp dir dein Kind, klemme es unter den Arm, und zeig der Welt, dass Lesen kein Zeichen von Einsamkeit ist, sondern von Stärke.
Denn Bildung war nie altmodisch – sie war immer der Schlüssel zu allem. Sowie Respekt, Ordnung und Disziplin dazu gehören, ist es auch wichtig zu wissen, wann es Zeit ist loszulassen.

Wie ein **Bogen und der Pfeil**

Wenn wir der Bogen sind, dann sind unsere Kinder die Pfeile. Die Spannung des Bogens ist unsere Erziehung – sie gibt den Pfeilen Kraft und Richtung. Und wenn der Pfeil schließlich abgeschossen wird, geht das Kind seinen eigenen Weg.

Es ist wichtig, unsere Kinder mit Respekt, Disziplin, Regeln und Ordnung zu erziehen. Diese Werte sind die Spannung, die dem Pfeil Richtung gibt. Doch genauso wichtig ist es, den richtigen Moment zu erkennen, loszulassen.

Unsere Aufgabe als Eltern ist es, die Richtung vorzugeben und den Bogen zu spannen – aber nicht, den Pfeil zurückzuholen, sobald er abgeschossen wurde. Es mag sich widersprüchlich anfühlen, so viel Energie in die Erziehung zu investieren, nur um am Ende loszulassen.

Aber genau das ist der Kern der Elternschaft:

Du erziehst nicht, um gebraucht zu werden. Du erziehst, damit dein Kind eines Tages ohne dich bestehen kann.

Um das zu schaffen, braucht es Bewusstsein. Bewusstsein dafür, wie stark der Bogen gespannt werden muss – weder zu viel noch zu wenig.

Bewusstsein dafür, wann dein Kind bereit ist, loszulassen. Und Bewusstsein dafür, dass Loslassen nicht das Ende ist, sondern ein Anfang.

Bewusst zu erziehen heißt, jeden Tag eine Balance zu finden:

Genug Regeln, um Sicherheit zu geben, aber genug Freiraum, um Selbstständigkeit zu fördern. Genug Disziplin, um Grenzen zu setzen, aber genug Nachsicht, um Fehler zuzulassen.

Aber loslassen ist kein spontaner Akt. Es ist das Ergebnis jahrelanger Vorbereitung. Jede Regel, jede Grenze, jedes **"Nein"** und auch jedes **"Ja"**, das du deinem Kind gibst, sind Teil dieser Vorbereitung.

Du merkst, dass du auf dem richtigen Weg bist, wenn dein Kind immer selbstständiger wird. Wenn es eigene Entscheidungen trifft – auch wenn sie nicht immer perfekt sind.

Das mag sich manchmal anfühlen, als würdest du die Kontrolle verlieren, aber in Wirklichkeit zeigst du nur, dass du Vertrauen hast.

Es ist ein Zeichen dafür, dass du als Elternteil Erfolg hattest. Dass dein Kind bereit ist, die Welt zu entdecken, ohne dass du es ständig an der Hand hältst. Erziehung ist kein Widerspruch zwischen Festhalten und Loslassen – es ist ein Prozess, der beides erfordert.

Du bist der Bogen, dein Kind ist der Pfeil. Deine Aufgabe ist es, den Pfeil mit Stärke und Vertrauen abzuschießen, damit er sein Ziel erreicht.

Und während du vielleicht manchmal das Gefühl hast, dass du dein Kind loslassen musst, vergiss nicht: Es ist nicht das Ende eurer Verbindung, sondern der Anfang einer neuen Phase.

Also, sei der Bogen, der Kraft gibt, aber auch den Mut hat, loszulassen – weil du weißt, dass du deinem Kind alles mitgegeben hast, was es braucht, um seinen eigenen Weg zu gehen.

AUF DEN PUNKT GEBRACHT:

✔ Teenies lieben ihr Zimmer – aber das bedeutet nicht, dass sie nie rausgehen sollten.

✔ Zwinge sie nicht – aber setze Grenzen für übermäßige Bildschirmzeit.

✔ Draußen sein ist kein Verbrechen – und du musst ihnen das manchmal in Erinnerung rufen.

WELCHES ALTER EIGNET SICH AM BESTEN – WENN ES DENN UNBEDINGT SEIN MUSS – FÜR EIN HANDY?

Wenn ich sagen müsste, ab welchem Alter ein Kind am besten abhängig von einer seelenlosen Maschine gemacht werden sollte, dann wäre meine Antwort: zwischen 29 und 35 Jahren. Aber, wie wir alle wissen, ist das in der heutigen Zeit völlig unrealistisch.

Also schrauben wir das Alter herunter – sagen wir auf 14 Jahre. Genau dann, wenn sich das Gehirn mitten in der Entwicklungsphase befindet und die Pubertät mit ihren Hormonen das ganze Leben durcheinanderwirbelt wie ein Schleudergang der Waschmaschine.

Das ist doch perfekt, oder? Nicht nur, dass das Kind in diesem Alter verzweifelt seinen Platz in der Welt sucht. Nein, jetzt wird es zusätzlich mit Blitzeffekten, falschen Idealbildern der Gesellschaft und 37 verschiedenen Meinungen auf Social Media überreizt. Ein echtes Erfolgsrezept!

Und dann wundern wir uns, warum unsere Kinder: nicht einschlafen können, sich wie Neandertaler ausdrücken, oder glauben, sie könnten sich in einen Fuchs verwandeln, weil das irgendwo auf TikTok stand.

Dazu kommen auch noch Sätze wie:

„Mein Schatz, du kannst alles sein, was du willst"

Na danke schön! Genau das wollen wir ja, dass sie alles werden, was sie wollen.

Aber wenn wir nicht erklären, was realistisch ist und was nicht, landen wir schnell bei 300 verschiedenen Geschlechtern und einem Haufen Teenies, die sich nicht mehr sicher sind, ob sie überhaupt Menschen sind.

Natürlich sollten wir unsere Kinder ermutigen, ihre Identität zu finden. Aber sie brauchen auch Orientierung. Und diese Orientierung geben wir nicht durch leere Worte – sondern durch unser eigenes Verhalten.

Vergiss nicht:

Kinder geben mehr auf das, was wir tun, als auf das, was wir sagen.

Wenn du deinem Kind beibringen willst, verantwortungsvoll mit Technik umzugehen, dann fang bei dir selbst an.

Wie oft greifst du selbst zum Handy?

Wie gehst du mit sozialen Medien um?

Zeigst du deinem Kind, dass es auch ein Leben außerhalb des Bildschirms gibt?

Ändere deine Einstellung. Von einem Eichhörnchen zu einem Wolf.

Sei der Leitwolf, der durch sein Handeln führt, nicht durch leere Worte. Denn was Kinder brauchen, ist kein „Mach, was ich sage, nicht, was ich tue." Was sie brauchen, ist ein echtes Vorbild.

Meiner Meinung nach, ist ein Handy kein Feind, aber …

Es ist kein Verbrechen, einem Teenie ein Handy zu geben. Aber wie bei jedem Werkzeug kommt es darauf an, wie man es benutzt. Der Schlüssel liegt darin, Grenzen zu setzen, Orientierung zu geben und selbst Verantwortung vorzuleben.

Denn ein Handy kann deinem Kind die Welt eröffnen – oder es davon abhalten, die echte Welt zu sehen. Und die Wahl, welche dieser beiden Realitäten sie erleben, liegt bei uns Eltern.

Und nun folgt eine Horrorgeschichte – eine, die ich selbst in Gang gesetzt habe.

Unsere Kleine ist jetzt 12 Jahre alt. Und rate mal, in welchem Alter sie ihr Handy bekommen wird? Genau: **mit 14 Jahren.** Dann ist sie in der zweiten Oberstufe und höchstwahrscheinlich das einzige Kind in diesem Alter, das noch kein Handy besitzt.

Jetzt höre ich sie wieder, diese Stimmen – ach, wenn ich sie doch nur für immer zum Schweigen bringen könnte.

„Wie kannst du nur? Weißt du, was du deinem Kind damit antust? Sie wird ausgeschlossen oder ausgelacht werden. So herzlos von dir, bäh!"

Weißt du, was ich dazu sage?

Mein Kind ist in der 6. Klasse und schon jetzt das einzige Kind in ihrer Klasse, das KEIN Handy hat!

Nicht, weil sie keins möchte. Natürlich möchte sie eins. Aber der Alpha in mir sagt ganz klar: Warum soll ich meinem Kind ein Handy in die Finger drücken, nur damit es sich in diesen unverständlich sprechenden Zombie verwandelt, das das Licht wie ein Vampir meidet?

Warum soll ich zulassen, dass sie aufhört zu zeichnen, Bücher zu lesen, Spiele zu spielen und sich mit sich selbst und ihrer Zukunft zu beschäftigen?

Warum soll ich diese Welt zerstören?

Sie überlebt jeden Tag ohne dieses verdammte Ding. Sie lacht, spielt, lebt – ganz ohne Handy. Also warum sollte ich diese Harmonie zerstören? Nur weil die ach so tolle Gesellschaft meint, es sei das Beste für sie?

Die wahre Verantwortungslosigkeit liegt in meinen Augen bei diesen Eltern, welche ihren Kindern, die Smartphones in die Hand drücken, ohne sich Gedanken zu machen, was das bedeutet.

Und dann wundern sie sich, wenn ihre Kinder,
sich mit Schrott aus dem Internet füllen,
Filme für Erwachsene herunterladen,
oder den halben Tag vor einem Bildschirm
verbringen, ohne einen Hauch von Realität zu
erleben.

Und weißt du, was das Beste ist? Diese Eltern lassen sich dann von ihren eigenen Kindern die Einstellungen am Handy erklären, weil sie selbst schon so verstrahlt sind, dass ihr Gehirn nur noch auf Standby läuft. Das finde ich bäh!

Nicht die Tatsache, dass ich mein Kind ohne asoziale Medien aufwachsen sehen möchte.

Also frage ich dich: Wer ist verantwortungsloser?

Die Eltern, die ihre Kinder bewusst schon im Kinderwagenalter mit dieser digitalen Welt aufwachsen lassen? Oder ich, die versucht, ihrer Tochter eine Kindheit ohne ständigen Bildschirm zu ermöglichen?

Richtig. Ein Alpha lässt sich von niemandem
vorschreiben, wie er seine Kinder erziehen soll.

Ratschläge holen? Gerne. Aber erziehen?

Das mache ich so, wie ich es für richtig halte – egal, was die anderen sagen.

Meine Oma, Gott hab sie selig, wurde 100 Jahre alt.
Weißt du, wie sie das geschafft hat? Nein, nicht mit
Gemüse und Wasser. Sondern mit viel Wein und der
Tatsache, dass sie sich immer um ihre eigenen
Angelegenheiten gekümmert hat. Sie hat sich nie den
Mund über andere zerrissen.

Das empfehle ich auch der heutigen Gesellschaft:

**Bleibt euren Prinzipien treu.
Hört auf, alles ins Internet zu stellen, nur um
Aufmerksamkeit zu erregen.
Seid wie ein Alpha!**

Kennst du ein Rudel Wölfe, das durch die Zivilisation
streift und Schafe reißt, nur um seine Jagdkünste zu
präsentieren?

Nein.

Das Rudel verhält sich leise und unauffällig, um in
Ruhe zu jagen – und vor allem zu überleben.

Wie gesagt, ein Handy ist kein Feind. Aber wie wir
damit umgehen, macht den Unterschied.

Sei wie ein Wolf: Stark, fokussiert und unbeeindruckt
von dem, was andere sagen.

**Denn wahre Stärke liegt nicht darin, der Masse
zu folgen, sondern seinen eigenen Weg zu
gehen.**

AUF DEN PUNKT GEBRACHT:

✔ **Es gibt kein „perfektes Alter" für ein Handy – es hängt von Reife und Verantwortung ab.**

✔ **Setze klare Regeln von Anfang an – sonst gibt es Chaos.**

✔ **Bildschirmzeit kontrollieren, aber nicht komplett verbieten – Balance ist der Schlüssel.**

NACH DEM HANDY KOMMT DER NÄCHSTE HORROR: DER NEUE „MITBEWOHNER"

Der nächste große Schock für alle Eltern ist der Tag, an dem der Freund oder die Freundin plötzlich zum neuen Familienmitglied wird – oder sich zumindest so verhält.

Versteh mich nicht falsch, ich finde es ja schön, wenn sich alle bei mir zu Hause wohlfühlen.
Aber muss ich deshalb für ein fremdes Kind auch noch Hotel spielen?

Ganz bestimmt nicht.

Muss ich auch noch die Erziehung dieses Neandertalers übernehmen?

Aber mit Garantie nicht!

Also, wie gehst du am besten damit um, dass sich dein Kind entschließt, seine größte und einzige Liebe – die sich übrigens jede Woche ändern kann – mit nach Hause zu bringen?

Ganz einfach: **Mit Regeln.**

Die Regeln für das neue „Familienmitglied"
Keine Übernachtungen:

Und wenn doch, dann nur einmal am Wochenende. Einmal. Nicht zwei- oder dreimal, sondern genau einmal.

Handyzeit: Zwei Stunden pro Tag

Wer weiß, vielleicht lernen die beiden sich ja besser kennen, jetzt wo sie miteinander reden müssen, statt nur zu schreiben. Ein revolutionärer Gedanke, oder?

Keine Sonderbehandlungen:

Es werden keine Klamotten des Besuchs gewaschen. Wer hier wohnt, übernimmt Verantwortung für seinen eigenen Wäschehaufen – oder er lernt es.

Gemeinsame Mahlzeiten:

Gegessen wird am Tisch. Und zwar dann, wenn alle essen. Kein „Ich nehme das in mein Zimmer" oder „Wir essen später".

Keine Schmuggelware:

Getränke, Snacks oder andere Schmuggelware werden nicht ins Zimmer mitgenommen. Das ist kein Kino, das ist ein Zuhause.

Respektvolle Sprache:

Es wird klar und respektvoll gesprochen. Kein Grunzen, Murren oder kryptische Neandertaler-Sprache.

Keine Ausnahmen:

„Ach bitte, nur dieses eine Mal können wir doch im Zimmer essen …"
Nein, mein Schatz. **Ein Alpha lässt sich nicht auf Spielchen ein. Auch nicht einmal.**
Regeln sind Regeln – und ein Alpha bleibt standhaft.

Hab keine Angst vor Konfrontation

In der Regel diskutieren die kleinen Gnome weniger, wenn Freunde dabei sind.

Warum? Ganz einfach:

Sie wollen die Peinlichkeit ihrer Eltern nicht noch fördern. Ein scharfer Blick von dir reicht meist aus, um sie an ihre Manieren zu erinnern. Also, keine Angst – die Macht ist auf deiner Seite.

Diese Regeln sind nicht da, um Spaß zu verbieten. Sie sind da, um Struktur und Respekt zu schaffen. Dein Zuhause ist kein Hotel, sondern ein Ort, an dem Werte und Grenzen gelebt werden.
Mit klaren Regeln schützt du nicht nur deinen Alltag vor dem Chaos, sondern zeigst deinem Kind und dessen Besuch, wie ein harmonisches Miteinander funktioniert.

Ein Alpha führt, auch wenn die Liebe einzieht

Es ist völlig in Ordnung, dass dein Kind Liebe erlebt und die ersten großen Gefühle spürt. Aber auch diese Phase braucht Orientierung.

Sei der Alpha, der die Richtung vorgibt, ohne sich in
endlosen Diskussionen zu verlieren.
Denn am Ende des Tages bist du nicht nur Gastge-
ber, sondern auch Vorbild – für dein Kind und
vielleicht sogar für den neuen „Mitbewohner".

Aber was, wenn der Besuch die Regeln ignoriert?
Wenn der Besuch – der sich bereits häuslich einge-
richtet hat – sich einfach nicht an deine Regeln halten
will, dann hast du einen entscheidenden Vorteil: Du
kannst ihn direkt zu seinen versagenden Eltern
zurückschicken.

Das mag hart klingen, aber es ist wichtig, deinem
Kind klar zu machen, dass immer noch du
bestimmst, wer sich in deinem Rudel aufhalten darf
und wer nicht.
Denn wer keinen Respekt für dich, dein Zuhause
oder deine Regeln zeigt, der hat deine Gastfreund-
schaft nicht verdient – und erst recht nicht die Liebe
deines Kindes.

Warum das wichtig ist

Willst du wirklich, dass dein Kind respektlos
behandelt wird? Natürlich nicht. Also sei der Alpha
und zeig, dass Respekt eine Grundvoraussetzung ist
– sowohl für dich als auch für dein Kind.

Genauso wie dein Kind Respekt von seinen
Freunden erwarten darf, muss es diesen auch zurückgeben. Das ist keine Einbahnstraße, sondern ein
grundlegendes Prinzip, das im Rudel gelebt wird.

Denn, Respekt ist nicht verhandelbar!

Wer Teil des Rudels sein will, zeigt Respekt – Punkt. Wenn der Besuch das nicht versteht, dann ist es an der Zeit, dass er sein Glück woanders versucht. Ein Alpha macht keine Kompromisse, wenn es um die Harmonie im Rudel geht.

AUF DEN PUNKT GEBRACHT:

✔ **Mit der Pubertät zieht nicht nur dein Kind ins Haus – sondern ein neuer, launischer „Mitbewohner".**

✔ **Akzeptiere, dass dein Teenie sich zurückzieht – aber bleib präsent, ohne dich aufzudrängen.**

✔ **Regeln sind auch für den neuen „Mitbewohner" verpflichtend – Respekt und Grenzen gelten weiterhin.**

✔ **Der Zustand ist nicht für immer – aber du brauchst Geduld und Humor, um ihn zu überleben.**

DIE FALSCHEN FREUNDE UND DROGEN

„Mein Kind hat die falschen Freunde, deshalb hat es mit dem Rauchen angefangen." So oder so ähnlich höre ich viele Eltern reden, deren Kinder rauchen, kiffen oder schlimmeres tun. Aber ist das wirklich so? Sind es die Freunde, die unsere Kinder zu solchen Entscheidungen verleiten?

Zum Teil, ja. Aber die Wahrheit ist: **Die Entscheidung liegt immer noch bei einem selbst.**

Ich erzähle dir eine Geschichte, meine Geschichte:

Ich bin in einem winzigen Dorf mit gerade mal 600 Einwohnern aufgewachsen. Dieses Kaff war so klein, dass jeder mit jedem verwandt oder zumindest der Nachbar war. Stell dir das mal vor! Wenn jemand nur darüber nachdachte, etwas Verbotenes zu tun, klingelte nicht nur die Alarmglocke – nein, da schallte die Kirchenglocke höchstpersönlich, um das Unheil anzukündigen. Wenn wir also etwas „Verrücktes" tun wollten, mussten wir kreativ sein. Meist trafen wir uns bei einem Freund, dessen Eltern Raucher waren. Denn Zigaretten am Kiosk kaufen? Das war keine Option.

Denn bei uns im Dorf gab es keinen richtigen Kiosk – wir hatten eine Bäckerei. Dort bekam man neben Brot und Gebäck auch Tabakwaren, Haushalts- und Hygieneartikel. Alles in absolut überschaubarer Menge, aber immerhin. Nur: Dort konnten wir als

Jugendliche natürlich keine Zigaretten kaufen. Also blieb uns nur meine beste Freundin.
Eines Nachmittags saßen wir alle im Wohnzimmer eines Freundes. Vor uns lag ein rot-weißes Päckchen Zigaretten mit schwarzer Schrift. Wir starrten es an, zwischen Neugier und Angst, und wechselten nervös die Blicke. Wer würde den Mut aufbringen, eine Zigarette anzuzünden?

Die Minuten vergingen, und die Angst wuchs. Wir wussten, die Eltern würden bald nach Hause kommen. Was, wenn sie uns erwischen?

Irgendwann griff meine beste Freundin nach dem Päckchen, zündete eine Zigarette an und hielt sie mir hin. „Komm, nimm einen Zug", forderte sie. Mein Herz raste. Was sollte ich tun? Ablehnen? Einfach wegrennen? Ich wollte nicht rauchen – aber ich wollte auch nicht die Außenseiterin sein.

Bevor ich eine Entscheidung treffen konnte, rollte mein Gegenüber die Augen, nahm die Zigarette und zog daran. Seine Lunge protestierte lautstark, er begann zu husten und stürmte nach draußen.

Doch dann kam der Bruder meiner Freundin ins Wohnzimmer. Mit einem kleinen Säckchen in der Hand setzte er sich zu uns. „Ihr wolltet also rauchen?" fragte er scheinheilig. Dann begann er, aus Tabak, Papieren und dem Inhalt seines Säckchens etwas zu basteln. Als er schließlich fertig war, zündete er einen Joint an und als er nach einem tiefen Zug wieder ausatmet, bildet sich sofort ein dichter, grauer

Schleier, der schwer in der Luft hängt. Der eigenartige Geruch breitet sich unmittelbar im Raum aus – anders als alles, was ich bisher gerochen habe.
Sofort wird mir klar, dass das hier keine normale Zigarette ist. Trotzdem sage ich nichts. Ich sitze einfach da, während mein Kopf rattert. Mit einem zufriedenen Gesichtsausdruck blickt er uns an und
meint: „Ihr solltet das auch unbedingt versuchen, das ist der Hammer.“

Doch in mir macht sich ein unglaublich schlechtes Gefühl breit. Mein Herz schlägt schneller, meine Hände beginnen zu schwitzen. Ich kann und will nicht bleiben. Wortlos stehe ich auf, drehe mich um und verlasse die Wohnung. Meine beste Freundin rennt mir hinterher, versucht alles zu erklären – aber ich will nichts hören.

An diesem Tag war für mich klar: Mit diesen „Freunden“ wollte ich nichts mehr zu tun haben. Ich habe mich von meiner besten Freundin distanziert und nie wieder eine Zigarette oder andere Substanzen ausprobiert.

Warum? Zum einen wusste ich genau, wie meine Eltern reagiert hätten – und das wollte ich auf keinen Fall riskieren. Zum anderen hatten wir zuhause viele Gespräche geführt, in denen mir erklärt wurde, was Rauchen und Drogen mit einem machen.

Vertrauen, aber nicht blind sein

Du sollst deinem Kind vertrauen – vertrauen darauf, dass es die richtige Entscheidung trifft. Aber Vertrauen heißt nicht, die Augen vor allem zu verschließen und zu denken: „Ja, ja, mein Kind macht das sowieso nicht."

Dieser Gedanke ist gefährlich. Warum? Weil er dich in eine falsche Sicherheit wiegt. Es bedeutet nicht, dass dein Kind automatisch Drogen nimmt oder raucht. Aber es bedeutet, dass du als Elternteil Verantwortung trägst, dein Kind zu begleiten, statt einfach zu hoffen, dass es von selbst den richtigen Weg wählt.

Beobachte!
Achte darauf, wie sich dein Kind verhält. Gibt es plötzliche Veränderungen in seiner Laune, seinem Umfeld oder seiner Energie? Tauchen neue Freunde auf, die sich ungewöhnlich verhalten oder einen schlechten Einfluss haben könnten?

Beobachten heißt nicht, dein Kind zu überwachen oder zu kontrollieren. Es heißt, aufmerksam und präsent zu sein, ohne sich aufzudrängen.

Das Gespräch suchen – ohne Vorwürfe
Wenn du einen Verdacht hast, dann stürme nicht wie eine Dampfwalze in das Leben deines Kindes. Schreien, Vorwürfe oder Kontrolle führen nur dazu, dass dein Kind sich von dir abwendet und verschließt. Stattdessen suche das Gespräch – und zwar wie zwischen zwei Erwachsenen.

Der richtige Zeitpunkt:
Wähle einen ruhigen Moment, in dem ihr beide Zeit
und Ruhe habt, ohne Ablenkung oder Stress.
Die richtige Haltung: Beginne das Gespräch nicht mit
Vorwürfen oder Kritik, sondern mit ehrlichem
Interesse.

Zum Beispiel: „Ich habe bemerkt, dass du in letzter
Zeit anders bist. Was beschäftigt dich?"

„Ich sehe, dass du mit neuen Leuten unterwegs bist.
Wie geht es dir mit ihnen?"

Zuhören:
Lass dein Kind sprechen. Hör zu, ohne sofort zu
reagieren oder Antworten parat zu haben. Manchmal
braucht es Zeit, bis dein Kind dir wirklich erzählt,
was los ist.

Wirkung zulassen:
Nimm dir einen Moment, um über das Gesagte nach-
zudenken, bevor du reagierst. So zeigst du, dass du
sein Vertrauen schätzt und das Gespräch ernst
nimmst.

Erklären statt predigen:
Wenn du etwas ansprechen möchtest – sei es das
Rauchen, Drogen oder schlechte Freunde – erkläre
die Konsequenzen klar, aber ohne Drama.

Sag nicht: „Wenn du Drogen nimmst, ruinierst du
dein Leben!", sondern:

„Drogen können viele Auswirkungen haben, körperlich und seelisch. Was denkst du darüber?"

„Ich mache mir Sorgen, dass Rauchen dich langfristig krank macht. Wie siehst du das?"

Respekt und Vertrauen schaffen
Indem du so vorgehst, schaffst du eine Atmosphäre des Respekts und des Vertrauens. Dein Kind spürt, dass du nicht gegen es arbeitest, sondern an seiner Seite stehst.

Das Ziel:
Dein Kind soll wissen, dass es mit allem zu dir kommen kann – ohne Angst vor Vorwürfen oder Strafen. Gleichzeitig musst du als Elternteil klar machen, dass es Grenzen gibt, die nicht überschritten werden dürfen.

Warum das wichtig ist
Kinder testen Grenzen. Das ist normal.
Aber sie tun es, weil sie wissen wollen, ob die Menschen um sie herum sie auffangen, wenn sie straucheln. Dein Job als Elternteil ist es, diese Sicherheit zu geben.

Gib deinem Kind die Werkzeuge, um die richtigen Entscheidungen zu treffen:
Rede über die Risiken von Rauchen und Drogen, aber auch über die Folgen schlechter Entscheidungen im Allgemeinen.

Stärke sein Selbstbewusstsein, damit es auch in schwierigen Situationen Nein sagen kann.

Zeige, dass du es liebst – bedingungslos, aber nicht ohne klare Werte und Erwartungen.

Gemeinsam statt gegeneinander

Vertrauen ist der Schlüssel. Aber Vertrauen bedeutet auch, präsent zu sein, hinzusehen und im Zweifel das Gespräch zu suchen. Dein Kind wird Fehler machen, das gehört zum Erwachsenwerden dazu. Doch wie du mit diesen Fehlern umgehst, entscheidet, ob es daraus lernt oder ob es sich zurückzieht.

Sei der Elternteil, der nicht urteilt, sondern begleitet. Das ist der sicherste Weg, deinem Kind die Stärke zu geben, die richtigen Entscheidungen zu treffen – selbst in schwierigen Situationen.

Was, wenn dein Kind dennoch zu Rauschgiften greift, um seinen Freunden zu imponieren?

Solltest du einen Verdacht haben, ist die Versuchung groß, das Zimmer deines Kindes nach Beweisen zu durchsuchen. Doch ich empfehle dir dringend, das nicht zu tun.

Ja, dein Kind wird dir vielleicht nicht die Wahrheit sagen, wenn du direkt fragst. Aber heimlich sein Zimmer auf den Kopf zu stellen, sendet die falsche Botschaft. Du zeigst damit, dass du weder seine Privatsphäre respektierst noch Vertrauen in es hast – und das macht die Situation nur schlimmer.

Mach es anders: Warte, bis dein Kind nach Hause kommt, und gib ihm erst einmal etwas Freiraum. Renn nicht sofort wie ein wütender Tornado auf ihn zu, sondern wähle den Moment mit Bedacht und setze dich ruhig mit ihm zusammen.

Ein guter Tipp: Nutze „Ich-Botschaften", um das Gespräch zu eröffnen:

„Ich mache mir Sorgen, weil ich das Gefühl habe, dass du in letzter Zeit anders bist."

„Ich möchte wissen, ob es dir gut geht und ob du vielleicht etwas auf dem Herzen hast."

So schaffst du eine Atmosphäre, in der dein Kind eher bereit ist, sich dir zu öffnen. Zeige Verständnis, aber setze auch klare Grenzen.

Falls dir dieser Tipp schwerfällt, habe ich eine weitere Idee für dich:

Wenn du dieses nagende Gefühl nicht loswirst – dieses ständige Gefühl, dass da etwas nicht stimmt – und du es einfach nicht ignorieren kannst, dann handle. Durchsuche das Zimmer, aber sei dir bewusst, was das bedeutet, denn egal, ob du etwas findest oder nicht, es wird alles verändern.

Das Vertrauen zwischen dir und deinem Kind ist wie ein Wolfsrudel – stark, wenn die Hierarchie und die Verbindung klar sind. Aber wenn der Leitwolf (das bist du) seine Position unsicher macht oder das

Rudel untergräbt, dann wird Chaos ausbrechen. Und genau das kann passieren, wenn du heimlich handelst.

Trotzdem verstehe ich vollkommen, dass es Momente gibt, in denen du deinem Instinkt folgen musst – schließlich sind wir alle ein bisschen Wolf.

Wenn du diesen Schritt gehst, dann geh ihn bewusst: Solltest du etwas finden, dann sprich offen und ruhig mit deinem Kind darüber. Keine Vorwürfe, kein Drama.

Erkläre, warum du gehandelt hast, wie du gehandelt hast, und dass du dir Sorgen gemacht hast – nicht aus Kontrolle, sondern aus Liebe.

Wenn du nichts findest, dann nimm dir trotzdem die Zeit, deinem Kind zu erklären, was dich dazu gebracht hat. Zeige, dass dein Handeln nicht aus Misstrauen, sondern aus Sorge kam.

Wenn du dich wie ein echter Leitwolf verhältst, dann führst du das Rudel – nicht mit Kontrolle, sondern mit Stärke und Klarheit.
Überlege dir vorher, was dein Plan ist, falls du wirklich etwas findest. Hol dir Unterstützung, wenn nötig, sei es von einem Schulpsychologen oder einer Beratungsstelle. Wichtig ist, dass du deinem Kind die Chance gibst, Teil der Lösung zu sein, nicht nur des Problems.

Und, egal was passiert: Ich hoffe für dich und dein Kind, dass du nichts finden wirst.
Denn der Leitwolf des Rudels weiß, wann er instinktiv handeln muss – und wann es besser ist, das Rudel mit Ruhe zu führen.

Aber falls du etwas findest, bleib ruhig, bleib stark und geh den Weg, den nur ein echter Alpha gehen würde: mit Verantwortung und Liebe.

AUF DEN PUNKT GEBRACHT:

✔ **Freunde haben großen Einfluss – du kannst sie nicht auswählen, aber du kannst Werte vermitteln.**

✔ **Panik bringt nichts – stattdessen offene Gespräche über Risiken und Konsequenzen führen.**

✔ **Bleib aufmerksam: Verändertes Verhalten, Lügen oder extreme Stimmungswechsel können Warnsignale sein.**

✔ **Sei eine Vertrauensperson, keine Kontrollinstanz – wenn dein Kind Probleme hat, soll es sich an dich wenden können.**

ELTERN, PSYCHOLOGEN UND DIE EWIGE SUCHE NACH ANSTAND UND RESPEKT

Nun folgt eine Geschichte, die sich gestern Abend, am 17.01.25, ereignet hat.

Der Elternabend! – Die große Show, bei der sich alle Eltern versammeln, um betreten zu nicken, während das Bildungssystem einen verzweifelten Flickenteppich aus Gruppentherapie und PowerPoint-Präsentationen aufführt.

Heute wird's besonders spannend: In der 6. Klasse meiner Tochter haben zwei Mini-Diktatoren den Unterricht so effektiv sabotiert, dass jetzt die ganze Elternschaft einberufen wird. Oder besser gesagt: um in endlosen Diskussionen so zu tun, als würde das Problem gelöst werden.

Mein erster Gedanke? Endlich! Endlich kann ich diesen Versager-Eltern mal die Meinung geigen. Wer es nicht hinbekommt, seinem Kind grundlegenden Respekt beizubringen, und die Erziehung komplett auf die Lehrer abschiebt, sollte es vielleicht einfach in einer Höhle großziehen.

Diese beiden Jungs – nennen wir sie mal „Die Störenfriede" – treiben seit Monaten Lehrer und Schüler an den Rand des Wahnsinns. Drohungen, Klassenclown-Gehabe, lautes Aufmucken – sie haben das Chaos perfektioniert. Und ihre Eltern?

Fehlanzeige. Wahrscheinlich zu beschäftigt mit Instagram oder „wichtigen" Telefonaten, um sich zu kümmern. Mein Mann und ich betreten das Klassenzimmer, entschlossen, den Eltern dieser beiden Störenfriede ordentlich den Marsch zu blasen. Die meisten anderen Eltern wirken genauso geladen. Heute wird Klartext geredet!
Doch dann… sehe ich das Flipchart.

„Elternabend 17.01.
✔ **Begrüßung**
✔ **4x 10 Min Gruppenübung**
✔ **Auswertung der Themen"**

WAS. SOLL. DIE. SCHEIßE?!

Ich drehe mich zu meinem Mann: „Schau mal, was soll das denn?"
Er guckt mich an, als hätte ich gerade vorgeschlagen, die ganze Sache mit einer spontanen Karaoke-Session zu beenden.

Willkommen im Gruppentherapie-Albtraum!

Der Schulpsychologe startet mit einer PowerPoint-Präsentation, die so langweilig ist, dass ich mich frage, ob er uns absichtlich ins Koma reden will. Dann kommt der ultimative Tiefpunkt: GRUPPENARBEIT.

Auf vier Tische verteilt sitzen wir Eltern da und sollen jetzt über die erste Frage auf dem Blatt diskutieren:
„Wie können wir gemeinsam mit den Kindern das Klassenimage verbessern?“

„Bitte was?! Das Klassenimage?“

Mein spontaner Vorschlag wäre: „Wie wäre es, wenn die Eltern ihren Kindern Anstand und Respekt beibringen würden?“

Aber wie so oft wird mein Gedanke direkt im Keim erstickt. Denn natürlich geht es hier darum, alle Kinder zu animieren, als Klasse zu funktionieren. Ach echt? Also werden wieder mal alle bestraft, und diejenigen, die sich an die Regeln halten, trifft es wie immer am härtesten. Also diskutieren wir zehn Minuten lang, schreiben irgendetwas auf und wechseln uns dabei mit gelangweilten Blicken ab.

Auch die zweite Frage (die mir jetzt nicht mehr einfällt, wahrscheinlich Verdrängung) wird von mir mit derselben Begeisterung diskutiert wie die erste.
Und auch die restlichen zwei Fragen interessieren mich wenig bis gar nicht.

Meine Antwort bleibt nämlich immer
dieselbe: „Wenn sich Eltern untereinander oder ihren Kindern gegenüber respektlos verhalten, stundenlang am Handy hängen und sich einen Scheiß um ihren Nachwuchs scheren – wie sollen diese Kinder dann Respekt lernen?“

Natürlich stoßen meine Worte bei vielen auf taube
Ohren – mit einer Ausnahme: dem Schulpsychologen. Der ist von meinem Kommentar mehr als nur
begeistert. Plötzlich erhebt er seine tiefe, entschlos-
sene Stimme. Der Raum verstummt, und alle Augen
sind auf ihn gerichtet.

**„Das ist das Beste, was ich heute Abend gehört
habe. Wer hat das gesagt?"**

Alle an meinem Tisch drehen sich zu mir. Die gesamte Aufmerksamkeit liegt auf mir. Zugegeben, ich
liebe es, im Mittelpunkt zu stehen, aber es ist nicht
immer ideal, wenn ich mich zu Wort melde – vor allem nicht, wenn ich sauer bin. Und noch schlimmer:
wenn ich im Recht bin. Mit einem verlegenen Lächeln schaue ich ihn an und sage: „Wenn sich die Eltern nicht bewusstwerden, wie sie mit ihrem Verhalten die Kinder verkorksen, verziehen und zu respekt-
losen Menschen heranziehen, wird diese Gesellschaft
vor die Hunde gehen."

Selbstverständlich stößt dieser Satz bei einigen auf
Missfallen – aber das ist mir egal. Es ist nicht nur
meine Meinung, sondern traurige Tatsache.
Der Psychologe tritt in die Mitte des Raumes, lässt
seinen Blick langsam über die versammelten Eltern
schweifen und bleibt kurz an mir hängen.
Mit einem Lächeln sagt er: „Ich weiß genau, welches
Kind seinen Weg gehen wird." Dann blickt er weiter
in die Runde und ergänzt: **„Bewusstsein.** Das ist das
Schlüsselwort."

Er wendet sich wieder der Tafel zu und beginnt, die Zettel mit unseren Notizen darauf aufzuhängen. „Hier können Sie sich die Ergebnisse durchlesen, und wenn Sie Fragen haben, stehen wir Ihnen gerne zur Verfügung."

Während sich die Eltern um die Tafel scharen, bleiben mein Mann und ich auf unseren Plätzen sitzen. Der Psychologe setzt sich zu uns und fragt: „Haben Sie sich vor diesem Treffen vorbereitet?"

Ich sehe ihm einige Sekunden lang direkt in die Augen, ehe ich mit einem frechen Grinsen antworte: „Ich habe mir meine Gedanken gemacht, was ich heute Abend sagen möchte. Aber wenn ich wirklich alles sagen würde, was ich denke, dann müsste ich vermutlich einen Aufsatz darüber schreiben, wie ich mich adäquat in der Öffentlichkeit zu äußern habe. Und außerdem argumentiere ich immer mit gesundem Menschenverstand – ein Gut, das ebenfalls auszusterben droht."

Kaum sind diese Worte ausgesprochen, stellt sich mein Stolz wie ein großer Bruder vor mein schlechtes Gewissen (oder die Scham, die ich fühlen sollte), und ich wippe selbstbewusst mit meinem Bein. Der Gesichtsausdruck des Psychologen – eine Mischung aus Bewunderung und Zufriedenheit – zeigt mir, dass ich absolut recht habe.

Nachdem wir noch ein paar Worte gewechselt haben, erhebt sich der Psychologe, um sich zu verabschieden. Er ermahnt die Eltern: „Lassen Sie die Worte,

die hier gesagt wurden, bewusst noch einmal durch
Ihren Kopf gehen. Überlegen Sie, was Sie in Ihrer
Erziehung ändern können, um diese Klasse wieder
auf den richtigen Weg zu bringen."
Als er sich erkundigt, ob es noch Fragen gibt, drängt
sich mir ein Gedanke auf: Sind die Eltern dieser
‚schwierigen Kinder‘, wegen derer wir alle hier sind,
überhaupt anwesend? Aber ich entscheide mich dage-
gen, etwas zu sagen.

Mein Mann und ich sind die Ersten, die sich verabschieden. Beim Hinausgehen sammeln wir noch die
Brotdosen ein, die unsere Tochter die ganze Woche
über vergessen hat, mit nach Hause zu nehmen.

Ich will nicht sagen, dass ich diesen Abend als völlige
Zeitverschwendung sehe. Aber wenn die Eltern nicht
endlich beginnen, ihre Kinder zu erziehen, dann wird
genau das eintreten, was ich prophezeie: Dieser
Abend war nichts weiter als eine verschwendete Gelegenheit. Und das Beste? Die Eltern der eigentlichen
Problemkinder? Nicht anwesend.

Ja, wirklich. Nicht. Da.

Bravo! Ein Applaus für diese Spitzeneltern!

Ganz ehrlich, ich war echt wütend über die Situation,
aber als ich das realisiert habe, hat meine Wut sich
spontan in puren Sarkasmus verwandelt. Wirklich be-
eindruckend – ein Paradebeispiel für Respektlosigkeit
in ihrer reinsten Form.

AUF DEN PUNKT GEBRACHT:

✔ **Respekt ist keine Einbahnstraße – wenn du ihn forderst, musst du ihn auch vorleben.**

✔ **Psychologische Theorien sind gut, aber am Ende zählt, was in deiner Familie funktioniert.**

✔ **Du bist nicht der beste Freund deines Kindes – du bist derjenige, der ihm Werte vermittelt.**

✔ **Teenager brauchen klare Grenzen – aber auch das Gefühl, ernst genommen zu werden.**

EIN SCHAMANE AUF ABWEGEN – DAS ULTIMATIVE RITUAL ZUR DÄMONENVERTREIBUNG

Das Ritual, das du aus meinem ersten Ratgeber übernommen hast, hat offensichtlich nicht die gewünschte Wirkung gezeigt. Das vom Bösen besessene Wesen, das aus seinem Zimmer gekrochen kommt, murmelt noch immer vor sich hin, dass du dich ernsthaft fragst, ob das vielleicht eine neue Sprache ist – Dämonisch für Anfänger.

Natürlich könnte ein echter Schamane helfen. Jemand, der mit einem toten Huhn auf dem Kopf und einem Knochens Zepter bewaffnet durch dein Wohnzimmer tanzt und dabei so laut singt, dass selbst die Nachbarn ihre Fenster schließen. Aber mal ehrlich: Glaubst du wirklich, dass dieser nette Herr aus dem tiefen Dschungel deine Rauchzeichen sieht? Vergiss es. Du bist auf dich allein gestellt!

Aber keine Panik – ich habe hier ein verbessertes Ritual für dich. Eins, das den inneren Frieden (oder zumindest ein paar Minuten Ruhe) zurückbringen kann:

Die Anleitung für das ultimative Anti-Dämonen-Ritual

Schritt 1: Der heilige Kreis

Zeichne mit Kreide einen Kreis auf dem Boden –

vorzugsweise im Wohnzimmer, weil du da genug
Platz hast und der Dämon sich garantiert über deinen
neuen Teppich aufregt.

Schritt 2: Die Kerzenmagie

Stelle genau fünf Kerzen in den Kreis. Wichtig: Eine
davon muss ein Duftkerze sein – Lavendel, Zimt
oder irgendwas, das beruhigend wirkt. Nein,
Tequila-Aroma zählt nicht, auch wenn du es dir
gerade wünschst.

Schritt 3: Die Opfergabe

Nimm einen Gegenstand, der deinem Kind wichtig
ist, aber nicht zu wichtig. Zum Beispiel diese eine
zerfledderte Socke, die seit Wochen im Zimmer
herumliegt, oder das leere Handy-Ladekabel, das es
ohnehin nie benutzt. Platziere die Opfergabe in die
Mitte des Kreises.

Schritt 4: Die Beschwörungsformel

Knie dich in den Kreis und sprich folgende Worte:
„Oh große Mächte des Universums, nehmt dieses
Opfer und schenkt mir mein geliebtes Kind zurück –
das mit der Engelsstimme und ohne das
Augenrollen!"

Schritt 5: Die Dämonenvertreibung

Jetzt wird's ernst. Fange an, leicht zu summen –
etwas Beruhigendes, wie die Melodie eines

Kinderliedes. Achtung: Wenn der Dämon anfängt zu lachen, bleib standhaft! Schließlich bist du der Alpha in diesem Haus!

Schritt 6: Das heilige Ende

Lösche die Kerzen in einer bestimmten Reihenfolge aus (von links nach rechts – weil es magisch klingt) und murmele abschließend:
„Die Dunkelheit ist vertrieben, das Licht kehrt zurück. Und jetzt geh und räum dein Zimmer auf!"

Das Ergebnis? Tja …

Wenn alles gut geht, wird das Wesen, das sich dein Kind nennt, tatsächlich für einen Moment etwas freundlicher. Und wenn nicht? Dann hast du wenigstens für ein paar Minuten Frieden gehabt – und deine Nerven um ein kleines Abenteuer bereichert.

Oder, wenn du Pech hast, wird dein Kind den Notruf wählen mit dem Verdacht auf psychische Überlastung – und sie werden dich dann abholen. So oder so, wird es mit Sicherheit ein entspanntes Wochenende. ;-)

Du bist der Schamane deiner Familie, und wie jeder gute Schamane weißt du: Es gibt keinen Zauber, der gegen pubertäre Launen dauerhaft hilft. Aber ein bisschen Humor und eine brennende Duftkerze können manchmal wahre Wunder bewirken.

MOBBING IN DER SCHULE UND GEWALT ZU HAUSE – EIN TEUFELSKREIS

Manchmal treffen zwei Dinge aufeinander, die sich gegenseitig verstärken und alles noch schlimmer machen:

Mobbing in der Schule und **Gewalt zu Hause** sind so ein Duo. Das eine füttert oft das andere. Das ist keine Statistik aus irgendeiner Studie, sondern eine traurige Beobachtung, die ich selbst gemacht habe.

Kinder, die zu Hause erleben, dass Konflikte mit Gewalt gelöst werden, tragen diese Dynamik oft in die Schule – sei es als Opfer oder als Täter.

Warum erzähle ich dir das? Weil ich möchte, dass du aus meiner Geschichte etwas lernst. Nicht, um Mitleid zu bekommen, sondern weil du hier vielleicht ein paar wichtige Dinge für dich und dein Kind mitnehmen kannst.

Meine beiden Kindergartenjahre sowie die gesamte Unterstufe waren für mich – um es ganz milde auszudrücken – die Hölle auf Erden. Nein, das stimmt nicht ganz. Die Hölle wäre ein entspannter Sonntagsspaziergang gewesen im Vergleich zu dem, was ich durchmachen musste.

Stell dir vor, du kommst in den Kindergarten. Alles, was du willst, ist mit anderen Kindern zu spielen, Freundschaften zu knüpfen und einfach dazuzugehören. Aber deine Eltern sind Ausländer. Sie haben es gewagt, dich in diesem Land zur Welt zu bringen – und dafür wirst du bestraft.

Jeden Tag schleppst du dich mit einem gezwungenen Lächeln in den Kindergarten, während deine Augen voller Tränen sind, die du nicht fließen lassen kannst. Die anderen Kinder lassen keinen Zweifel daran, dass du hier nicht willkommen bist. Sie zeigen es dir mit jeder neuen, „kreativen" Idee, wie sie dir das Leben schwer machen können. Auch Gewalt bleibt nicht aus.

Und du? Du schweigst. Du sagst nichts. Nicht zur Lehrerin, nicht zu deinen Eltern, nicht zu deinen Geschwistern. Du hältst durch, jeden Tag aufs Neue. Niemand ahnt etwas, weil du es dir nicht anmerken lässt. Aber mit jedem Tag bekommt deine Seele mehr Risse. Sie werden länger. Tiefer.

Doch nicht nur die Schule ist die Hölle – zu Hause ist es kaum besser. Dein Vater, alkoholkrank und unberechenbar verschwindet jeden Freitag irgendwohin und kommt am Samstag zurück. Er stinkt nach Tabak und Alkohol, während er die Wohnung betritt und sofort einen Streit mit deiner Mutter sucht.

Es ist immer dasselbe: Warum ist das Essen nicht gekocht? Warum ist sein Lieblingshemd nicht gewaschen? Warum – was auch immer. Es spielt keine Rolle. Er braucht einen Grund, um zu brüllen, um auszurasten, um sich abzureagieren.

Und wenn du glaubst, dass du aus dem Schussfeld
bist, weit gefehlt. Du bist ja auch noch da. Also
findest auch du dich regelmäßig im Zentrum seines
Frusts wieder. Egal, wie vorsichtig du bist. Egal, wie
sehr du darauf achtest, kein Spielzeug, keine
Kleidung oder irgendetwas auf dem Boden liegen zu
lassen, das ihn aufregen könnte – er findet immer
etwas.

Immer!

Ich kann dir nicht sagen, wie oft ich mich gefragt
habe, warum. Warum er mich anschrie, warum ich
nie genug war, warum er mich dafür bestrafte, dass
ich einfach nur da war. Und irgendwann hat es mich
zerrissen. Mein Hass auf ihn wurde so groß, dass er
die Liebe, die ich für ihn hätte empfinden sollen,
vollständig verdrängte.

Eines Tages, mitten in einem Streit, sah ich ihn an –
direkt in die Augen – und sagte mit aller Klarheit, die
ich aufbringen konnte: „Irgendwann, wenn du
schläfst, werde ich dafür sorgen, dass du nie wieder
aufwachst."

Dieser Satz ließ meine Mutter schlagartig erstarren.
Ihre Alarmglocken schrillten so laut, dass sie ab
diesem Moment jeden Abend alle Messer, Gabeln
und sogar Schnüre wegsperrte. Sie hatte Angst, dass
ich meine Drohung wahr machen könnte.

Und heute? Heute tut es mir unendlich leid, dass ich meiner Mutter solchen Kummer bereitet habe. Aber damals wusste ich einfach nicht, wohin mit all meinem Schmerz, meiner Wut, meiner Angst.

Statt mich ihr anzuvertrauen, versuchte ich alles alleine zu schaffen. Ich wollte meine Probleme mit meinem Vater und den anderen Kindern lösen. Ich wollte sie entlasten, ihr ein bisschen Luft verschaffen. Doch nichts wurde besser. Es wurde schlimmer. In der sechsten Klasse war der Punkt erreicht, an dem meine Lehrerin den Schulpsychologen und meine Eltern zu einem Gespräch einlud. Meine Noten waren katastrophal, ich war abgemagert und stand offensichtlich unter enormem Stress. Und ja, es war alles wahr. Aber wie hätte ich das sagen können? Ich hatte Angst, in eine Pflegefamilie oder ein Heim gesteckt zu werden. Also log ich.

„Nein, es geht mir gut. Ich vertrage halt nicht alles an Nahrungsmitteln.“

„Nein, ich fühle mich nicht gestresst. Alles läuft super.“

Und mein persönlicher Favorit: „Ich weiß, dass meine Noten schlecht sind, aber ich verstehe die Fragen in den Aufgaben nicht.“

Gut, das Letzte war nicht mal gelogen. Wie auch, wenn meine Mutter die Sprache nicht beherrschte und mein Vater jeden Abend betrunken war? Aber das konnte ich doch nicht sagen. Also nahm ich die Schuld auf mich. Ich spielte das brave, pflichtbewusste Kind, das irgendwie einfach nicht klarkam.

Mach es besser.

Sei da für dein Kind. Wenn du merkst, dass etwas nicht stimmt – sei es durch schlechte Noten, auffälliges Verhalten oder ein Gefühl, das du nicht loswirst –, dann sprich mit deinem Kind.
Aber nicht mit Druck oder Vorwürfen, sondern mit Liebe. Zeig, dass du da bist. Gib deinem Kind das Gefühl, dass es dir alles anvertrauen kann, ohne Angst vor Konsequenzen zu haben.

Und jetzt kommt der harte Teil:

Falls du selbst zu Wutausbrüchen oder cholerischem Verhalten neigst, dann hol dir Hilfe. Wirklich. Lass deinen Frust und deine Wut nicht an den Menschen aus, die dir am wichtigsten sind.

Wenn du das tust, verlierst du alles – nicht nur deine Familie, sondern auch deren Respekt und Liebe. Und noch schlimmer: Du könntest dein Kind für immer verlieren – nicht körperlich, aber emotional. Und das ist ein Verlust, der nie wieder gutzumachen ist.

Ein Kind braucht keine Perfektion. Es braucht Sicherheit, Respekt und Liebe. Es braucht einen Alpha, der stark ist, aber auch zuhören kann. Jemanden, der die Richtung vorgibt, ohne zu zerstören.

Durchbrich den Teufelskreis und gib deinem Kind die Chance auf eine bessere Zukunft – **eine, die es verdient.**

Und sag deinem Kind **JEDEN TAG, „ICH LIEBE DICH!"**

AUF DEN PUNKT GEBRACHT:

✓ **Mobbing kann jedes Kind treffen – auch deins. Warte nicht, bis es zu spät ist.**

✓ **Kinder, die Gewalt zu Hause erleben, haben ein höheres Risiko, selbst Täter oder Opfer zu werden.**

✓ **Sprich mit deinem Kind – es muss wissen, dass es immer Hilfe gibt, egal wie schlimm es aussieht.**

✓ **Zeige Nulltoleranz gegenüber Gewalt, aber schaffe auch einen sicheren Raum, in dem dein Kind sich öffnen kann.**

LIEBESKUMMER UND DER GANZE SCHEIß, DEN ER NACH SICH ZIEHT

Wir alle wissen, wie es sich anfühlt, wenn man seine scheinbar einzige Liebe verliert.

Es ist, als würde man bei vollem Bewusstsein ertrinken, während man gleichzeitig in Flammen steht. Der Schmerz bohrt sich wie eine stumpfe Nadel in die Brust, und Hass, Enttäuschung sowie eine unglaubliche Traurigkeit prasseln wie ein saurer Regen auf einen ein. Auf einen Schlag weiß man nicht mehr, wo man hingehört.

Reden fällt genauso schwer, wie Essen den Weg in den Magen findet – nämlich gar nicht. Du als Elternteil siehst, wie sehr dein Kind leidet, und möchtest ihm am liebsten diesen Schmerz abnehmen. Aber das geht nicht.

Du fühlst dich hilflos und vielleicht sogar wütend. Warum vertraut es mir nicht? Habe ich irgendetwas falsch gemacht?

Lass mich dir sagen: **Nein, du hast nichts falsch gemacht**.

Liebeskummer ist ein persönlicher Krieg, den jeder für sich allein ausfechten muss. Du kannst nur an der Seitenlinie stehen, bereit sein, wenn dein Kind dich braucht, aber den Kampf austragen – das muss es selbst.

Das Wichtigste, was du tun kannst, ist zuzuhören. Nicht reden, nicht belehren, nicht „Ich weiß, wie du dich fühlst" sagen. Sei einfach da.
Es wird Momente geben, in denen dein Kind dich komplett ausschließt, nur um dann plötzlich deine Nähe zu suchen. Vielleicht nachts, wenn du schon halb schläfst, oder mitten in einer Situation, in der du es am wenigsten erwartest.

Wenn dieser Moment kommt, sei bereit.
Kein großes Drama, kein „Endlich redest du mit mir!". Einfach zuhören. Und glaub mir, auch wenn es nichts sagt, deine Präsenz gibt Halt.

Ich erinnere mich an eine Situation mit meiner Tochter, die ich wohl nie vergessen werde. Sie war gerade 14, als die erste große Liebe in die Brüche ging. Ein paar Monate vorher war sie noch das fröhliche Mädchen, das ständig lachte und die ganze Welt vor sich hatte. Und dann? Alles weg.

Plötzlich war da nur noch Tränen, Türenschlagen und dieses monotone „Es ist alles so scheiße!" Ich habe versucht, sie aufzumuntern, aber sie hat mich ignoriert. Meine Vorschläge – Filme schauen, Eis essen, Spaziergänge machen – prallten ab wie ein Flummi.

Einmal, als sie nach einem besonders schlimmen Streit in ihr Zimmer rannte, habe ich beschlossen, es anders anzugehen. Statt zu reden, bin ich in die Küche gegangen und habe ihre Lieblingsplätzchen gebacken.

Es war nicht viel, nur ein kleiner Teller Kekse und ein
Zettel, auf dem stand: „Manchmal ist das Leben
bitter, aber Plätzchen sind süß. Ich liebe dich, egal
was passiert." Ich habe den Teller vor ihre Tür
gestellt und bin weggegangen. Keine große Sache,
dachte ich. Aber ein paar Stunden später kam sie mit
verweinten Augen in die Küche, den Teller in der
Hand, und sagte nur: „Danke, Mama."

Das war unser Durchbruch. Wir haben über alles
geredet. Über den Herzschmerz, die Wut, die
Traurigkeit – und wie es weitergehen soll.

Die Moral? Du kannst den Liebeskummer nicht
wegzaubern, aber du kannst zeigen, dass du da bist.
Manchmal sind es nicht die großen Worte, sondern
die kleinen Gesten, die den Unterschied machen.

Was du nicht tun solltest:

Den Schmerz kleinreden. Sätze wie „Ach, in ein
paar Wochen hast du das vergessen" oder „Das ist
doch nicht so schlimm" wirken wie ein Schlag ins
Gesicht. Für dein Kind fühlt sich der Schmerz real
und überwältigend an – respektiere das.

Vergleiche ziehen. „Ich hatte auch mal
Liebeskummer" bringt niemandem etwas. Dein Kind
will keine Geschichten über deine Ex-Freunde oder
wie du darüber hinweggekommen bist. Es will
einfach nur, dass du da bist.

Mit der Ex oder dem Ex-Freund sprechen. Egal, wie sehr es in deinen Fingern juckt – lass es. Das ist nicht dein Kampf, und jede Einmischung könnte alles schlimmer machen.

Was du tun kannst:

Kleine Gesten zeigen. Eine Tasse Tee, eine Wärmflasche, das Lieblingsessen – ohne viele Worte, einfach als Zeichen, dass du an dein Kind denkst.

Freiraum lassen. Liebeskummer ist ein Chaos der Gefühle. Mal will dein Kind allein sein, mal Nähe. Respektiere beides.

Geduldig sein. Liebeskummer braucht Zeit. Dein Kind wird lernen, damit umzugehen – und vielleicht sogar gestärkt daraus hervorgehen.

Am Ende dieses Kapitels möchte ich dir noch einen kleinen Tipp mitgeben.
Manchmal hilft es, einen anderen Blickwinkel einzunehmen, um mit Liebeskummer besser umgehen zu können – für dich und dein Kind. Und genau dafür habe ich einen Ratgeber geschrieben: „Arschlochliebe – Schluss mit Herzschmerz, rein ins Leben".

In diesem Buch stehen zwei ganz besondere Persönlichkeiten im Mittelpunkt, die mit einer ordentlichen Portion Sarkasmus, Humor und praktischen Tipps zeigen, wie man den Liebeskummer in den Griff bekommt.

Denn manchmal braucht es genau das: ein bisschen Ablenkung, einen neuen Ansatz und das Gefühl, dass man nicht allein ist. Womöglich kann ich damit deinem Kind – und vielleicht auch dir – ein bisschen Unterstützung bieten. Schau rein, vielleicht ist es genau das, was ihr gerade braucht, um wieder ein Stück leichter zu atmen.

Das ultimative Liebeskummer-Ritual

Als Überbrückung – bis dein Kind bereit ist, sich dem Leben wieder zu öffnen – könnt ihr es mit einem kleinen Ritual versuchen. Keine Sorge, wir brauchen keine Kristallkugel, kein Tarotdeck und keinen Voodoozauber. Alles, was ihr braucht, habt ihr wahrscheinlich schon im Haus.

Der Altar des Neuanfangs

Schnapp dir ein altes Schuhkarton oder eine Kiste und erkläre ihn zum „Altar des Neuanfangs". Dein Kind darf alle Erinnerungsstücke an die Ex oder den Ex dort hineinwerfen. Ja, auch die süßen Kinokarten, die selbstgestrickte Mütze oder die dämlichen Liebesbriefe, die voller Rechtschreibfehler sind. Keine Diskussion – rein damit!

Der große Abschied

Jetzt wird es dramatisch. Stelle ein paar Kerzen auf – oder, noch besser, beleuchte eine Discokugel (oder wie dieses Ding auch heißt). Lass das Licht funkeln, als wäre es eine 80er-Jahre-Abschiedsfeier. Lass dein

Kind den Karton feierlich schließen. Dazu darf es
ein paar Worte sagen, etwas wie: „Ich lasse los. Ich
nehme meine Freiheit zurück."(Oder, wenn dein
Kind sarkastisch ist: „Tschüss, Loser, viel Spaß mit
deiner neuen Flamme.")

Das magische Feuer der Reinigung

Wenn ihr einen Garten habt, könnt ihr den Karton in
einer Feuerschale verbrennen. Keine Feuerstelle?
Kein Problem! Der Karton kann auch einfach „sym-
bolisch verbrannt" werden. Stell ihn in eine Ecke und
beschrifte ihn mit „Für die Müllabfuhr – emotional
und real."

Die Wiedergeburt

Nach dem großen Abschied gibt es etwas, das das
Herz erhellt: ein neuer Fokus. Unterstütze dein Kind
dabei, sich etwas Gutes zu tun. Vielleicht ein neues
Hobby, ein frischer Haarschnitt oder eine kleine
Umgestaltung im Zimmer.

Das Ritual ist abgeschlossen, wenn dein Kind merkt,
dass es ohne den Ex nicht nur überleben kann,
sondern vielleicht sogar besser dran ist.

Warnung: Falls dein Kind dich während des Rituals
seltsam ansieht, sei vorbereitet. Mit einem
Schulterzucken kannst du antworten: „*Vertrau mir, das
funktioniert. Und wenn nicht, hatten wir zumindest einen
guten Lacher.*"

AUF DEN PUNKT GEBRACHT:

✓ Für Teenies fühlt sich Liebeskummer wie das Ende der Welt an – für dich vielleicht nicht, aber für sie schon.

✓ „Das geht vorbei" hilft nicht – Zuhören und Verständnis zeigen schon.

✓ Grenzen setzen, falls Drama ausartet – aber Gefühle ernst nehmen.

✓ Eltern können nichts „reparieren", aber sie können zeigen, dass sie da sind.

ORIENTIERUNG, AKZEPTANZ
UND DER WOLF IN DIR

Sexuelle Orientierung – ein Thema, das heute gefühlt so viele Facetten hat, dass selbst ein Regenbogen neidisch wird. Es gibt Tausend Bezeichnungen, Kategorien und Begriffe – und ja, ich gebe zu, manchmal blicke auch ich nicht mehr durch.

Aber seien wir ehrlich: Jeder wünscht sich ein „normales Kind", oder? Ein Kind, das sich selbstverständlich zum anderen Geschlecht hingezogen fühlt, das keine Fragen stellt, warum es im falschen Körper geboren wurde, und bei dem alles so läuft, wie es seit Generationen „sein soll".

Bei Mädchen heißt das: Sie sollen weiblich, aber nicht zu weiblich sein, bitte nicht laut, und auf gar keinen Fall sollen sie mit einer anderen Frau glücklich werden.

Jungs hingegen sollen natürlich nur Frauen lieben, dürfen sich unter keinen Umständen schminken oder – Gott bewahre – Perücken tragen. Was für ein Drama!

Ja klar! Warum auch nicht? Warum sollte ich meinem Kind seine Wünsche, Träume und Gefühle vorschreiben, nur weil es in der Gesellschaft „so gehört"? Soll ich mein Kind lieber unglücklich sehen, nur damit ich mein „Gesicht wahren" kann? Damit ich nicht über die Nachbarn reden hören muss? **Was sind wir doch für großartige Eltern!**

Ist dein Kind ein schlechtes Kind, nur weil es experimentiert? Weil es zu seinen wahren Gefühlen steht? Oder bist nicht viel mehr du das Arschloch, weil du deinem Kind deine Ideale und veralteten Vorstellungen aufzwingen willst?

Natürlich ist es okay, enttäuscht zu sein, wenn du realisierst, dass du vielleicht nie Großmutter oder Großvater wirst. Das ist menschlich. Aber mal ganz ehrlich: Ist das wirklich der Maßstab für ein gelungenes Leben? Ist das wirklich so wichtig, dass du dein Kind damit quälen willst? Ich glaube nicht.

Und ganz ehrlich – wenn ich mir die heutige Jugend so anschaue, muss ich ohnehin sagen, dass die Vorstellung, dass die die Welt bevölkern sollen, mich nicht gerade mit Hoffnung erfüllt.

Oh, da sind sie wieder, die Stimmen: „Wie kannst du nur so etwas sagen? Hast du denn kein Herz?"

Doch, das habe ich. Und ein Gehirn, das sich täglich anstrengt, die absurde Logik zu verstehen, die ich um mich herum sehe.

Und weißt du was? Schlussendlich ist es doch völlig egal, welche Orientierung dein Kind hat.
Deine Aufgabe besteht einzig und allein darin, es zu stärken, es zu unterstützen und da zu sein, wenn etwas schiefgeht.

Nur das Aufklärungsgespräch würde ich an die

Situation anpassen. Wenn deine Tochter dir ihre
Freundin vorstellt, ist es vielleicht weniger passend,
über mögliche Schwangerschaften zu sprechen.
Stattdessen solltest du das Gespräch auf die Themen
lenken, die in dieser Konstellation wichtig sind: die
Regeln für das Übernachten und den sicheren Um-
gang miteinander.

Sicherheit und Hygiene sind das A und O

Auch wenn Verhütung im klassischen Sinne nicht das
Hauptthema ist, bleibt der Schutz vor sexuell
übertragbaren Krankheiten ein wichtiger Punkt. Falls
Spielzeug verwendet wird, solltest du klarstellen, dass
diese vor und nach der Benutzung gründlich gereinigt
und desinfiziert werden müssen. Außerdem ist der
Gebrauch von Kondomen Pflicht – auch beim
Wechsel zwischen den Partnerinnen. Jedes Mal ein
neues Kondom zu verwenden, ist nicht nur
hygienisch, sondern auch sicher.

Die gleichen Regeln gelten auch für deinen Sohn,
sollte er dir seinen Freund vorstellen. Hier bleibt das
Thema Kondome ebenfalls zentral. Es ist wichtig,
dass dein Kind versteht, dass Respekt und Verantwortung Hand in Hand gehen, egal, wen es liebt.

Regeln für das Übernachten bleiben universell:

Kein Übernachten ohne Absprache – und das gilt für
alle Geschlechter und Konstellationen gleicherma-
ßen. Respekt gegenüber den anderen Bewohnern des
Hauses und den gemeinsam vereinbarten Regeln.

Sicherheitsvorkehrungen wie Kondome sind keine Option, sondern Pflicht.

Falls du zu irgendeinem Punkt unsicher bist oder dich mit den Fragen deines Kindes überfordert fühlst, zögere nicht, einen Arzt oder eine medizinische Fachkraft zu konsultieren. Sie können dir helfen, das Gespräch informativ und sachlich zu gestalten.

Am Ende bleibt eines klar: Es ist egal, wer über Nacht bleibt. Respekt, Verantwortung und Sicherheit stehen immer im Mittelpunkt. Dein Kind sollte wissen, dass es geliebt wird und sich auf dich verlassen kann – in jeder Situation.

Du hast dein Kind gezeugt, aufgezogen und die Liebe, die du hast, sollte locker ausreichen, um es in jeder Situation zu unterstützen.

Genau wie ein Wolf, denn ein echter Wolf liebt sein Rudel bedingungslos, egal, welche Schwächen oder Besonderheiten die einzelnen Mitglieder haben.

Der Alpha beschützt, stärkt und leitet – nicht, weil das Rudel perfekt ist, sondern weil es sein Rudel ist. Genau das solltest auch du tun: dein Kind unterstützen, seinen Weg akzeptieren und ihm den Rücken stärken.

Und wenn deine Liebe dafür nicht reicht?

Tja, dann hat dein Kind definitiv etwas Besseres verdient. Und weißt du was? Dann habt ihr vermutlich viel größere Probleme als seine Orientierung.

Wenn du immer noch glaubst, irgendetwas tun zu müssen, um diesem Albtraum zu entkommen: Hier ist das ultimative Akzeptanzritual für Eltern!

Manchmal braucht es einfach ein Ritual, um die eigenen Erwartungen loszulassen und sich mit der Orientierung deines Kindes abzufinden – oder besser gesagt, deinen verdrehten Vorstellungen Lebewohl zu sagen.

Und womit funktioniert das besser als mit einer Flasche Wein? Genau, gar nicht! Also los, hier ist die Schritt-für-Schritt-Anleitung für dein ganz persönliches Akzeptanzritual.

1. Die Vorbereitung – Das Drama inszenieren

Schnapp dir eine gute Flasche Wein – oder die billige aus dem Discounter, je nachdem, wie schwer der Schock für dich war. Stelle sicher, dass du genug Taschentücher hast, um dein zerknittertes Ego abzuwischen, und vielleicht ein Kissen, das du anschreien kannst. Du weißt schon, für den Fall, dass die „Was sollen die Nachbarn denken?"- Gedanken hochkommen.

2. Der heilige Kreis der Selbstreflexion

Setz dich auf den Boden (ja, direkt auf den Teppich – fühlt sich dramatischer an) und ziehe einen Kreis um dich herum. Nein, keinen echten, sondern einen symbolischen Kreis aus Dingen, die du loslassen musst. Schreib auf kleine Zettel deine absurden Erwartungen: „Mein Sohn wird Fußballprofi“, „Meine Tochter heiratet in Weiß“, „Ich werde Großeltern!“ Rolle jeden Zettel zusammen und leg ihn in eine Schüssel.

3. Die Reinigung – Mit jedem Schluck ein Stück näher zur Realität

Öffne den Wein. Wichtig: Gieße ein Glas ein, bevor du anfängst zu heulen. Dann nimm jeden Zettel aus der Schüssel, lies ihn laut vor, und trink einen großen Schluck. Sag dabei: „Ich lasse diese Erwartung los, weil ich nicht blöd bin und weiß, dass mein Kind mich ohnehin ignoriert.“

4. Der Übergang zur Akzeptanz – Das Finale der Einsicht

Wenn die Schüssel leer und die Flasche halb leer ist, steh langsam auf (sofern möglich). Stell dich vor einen Spiegel und sage mit voller Überzeugung: „Mein Kind liebt, wen es liebt, und ich liebe mein Kind. Ende der Diskussion.“ Danach kannst du mit einem pathetischen Seufzen das Glas heben und hinzufügen: „Und verdammt nochmal, ich bin ein fantastischer Elternteil, weil ich diesen Wein verdient habe.“

5. Der Abschluss – Liebe gewinnt (oder die zweite Flasche)

Der letzte Schritt ist der beste: Ruf dein Kind an, um

zu sagen, dass du es liebst – und zwar so wie es ist. Falls du merkst, dass dein Kind dich völlig normal findet, während du betrunken Selbsthilfe betreibst, lache laut und sag: „Ach, ich hab nur geübt, dir nicht auf die Nerven zu gehen."

Warnung:

Dieses Ritual ist nicht für Menschen mit Kontrollzwang oder Humorlosigkeit geeignet.
In diesem Fall empfehle ich stattdessen einen Schokoladenkuchen und eine Stunde Netflix, um die Lage zu entspannen. Aber jetzt mal ganz im Ernst: Liebe dein Kind für das, was es ist. Akzeptiere deinen Sohn oder deine Tochter mit all ihren Ecken und Kanten.

Und vor allem: Zeige ihnen jeden Tag, wie stolz du bist. Lass sie wissen, wie wichtig sie dir sind, und sag die drei Worte, die alles bedeuten: *‚Ich liebe dich.'*

AUF DEN PUNKT GEBRACHT:

✔ **Teenager suchen nach Identität – das kann herausfordernd, aber auch wichtig für ihre Entwicklung sein.**

✔ **Deine Aufgabe ist nicht, sie in eine Richtung zu drängen, sondern ihnen einen sicheren Raum zur Entfaltung zu bieten.**

✔ **Akzeptanz bedeutet nicht, alles gutzuheißen –
aber es bedeutet, zuzuhören und zu verstehen.**

✔ **Sei ein Vorbild: Ein starker, selbstsicherer Elternteil gibt Orientierung, ohne zu kontrollieren.**

SELBSTWERTGEFÜHL STÄRKEN – EINE MISSION FÜR ELTERN IN DER PUBERTÄTSHÖLLE

Die Pubertät ist gnadenlos. Sie überfällt dein Kind wie ein Sturm, wirft es in einen Strudel aus Unsicherheiten, Ängsten und Fragen. Und weißt du, wer das alles abbekommt? Genau, du. Die Eltern.
Es ist deine Aufgabe, deinen Teenie durch diese chaotische Phase zu begleiten – mit all der Liebe, Geduld und Stärke, die du irgendwie aus deinem Inneren herauskratzen kannst.

Ja, auch dann, wenn sie am unerträglichsten sind. Ich weiß, das klingt wie eine Daueraufgabe, denn mal ehrlich: Sind sie nicht immer ein bisschen unerträglich? Aber was soll's – du hast dieses Chaos erschaffen, jetzt bist du dran.

Da hilft auch kein Ritual – außer vielleicht eins mit einer Flasche Wein (für dich, versteht sich). Aber weißt du, was hilft? Reden. Oder, wenn dein Kind in einer dieser „Ich-hasse-alles"-Phasen ist, einfach mal nichts sagen. Manchmal ist Schweigen mächtiger als jedes Wort.

Ein Teenie ist wie ein Stier auf Valium und Steroiden gleichzeitig. Egal, was du machst – wenn dein Kind schlechte Laune hat, wird es dich erwischen.
Mit einem Seitenblick, der dir das Gefühl gibt, du wärst die peinlichste Person auf diesem Planeten. Mit einem genervten Augenrollen, das Bände spricht.

Oder einfach mit purem Ignorieren, als wärst du ein Geist in deinem eigenen Zuhause.

Doch hier kommt der entscheidende Punkt:

Es ist egal, wie sehr sie dich provozieren oder ignorieren – sie brauchen dich. Genau jetzt.
Sei da, wenn sie dich brauchen. Auch wenn sie dich wegschieben, auch wenn sie dir das Gefühl geben, du wärst der Grund für alles, was falsch läuft.

Deine Rolle ist es, die unerschütterliche Konstante in ihrem Leben zu sein. Selbstwertgefühl entsteht nicht über Nacht. Es entsteht, wenn dein Kind sieht, dass du an es glaubst – auch dann, wenn es selbst nicht an sich glaubt. Es entsteht, wenn du ihnen zeigst, dass sie wichtig sind, dass sie geliebt werden, und dass sie nicht alleine durch diesen chaotischen Sturm namens Pubertät navigieren müssen.

Heute ist alles schwieriger – und wir waren die Cooleren, sorry.

Heute haben es unsere Kinder schwerer als wir.
Wir hatten keine (A)sozialen Medien, die unser Selbstwertgefühl in Stücke gerissen haben.
Kein ständiges Vergleichen, kein „Warum hat XY mehr Likes als ich?" – wir lebten in einer Zeit, in der es nur darauf ankam, ob du die geilsten Schuhe (Buffalos, versteht sich), die coolste Jeansjacke und das beste Mixtape hattest.
Unsere Musik war die beste: Nirvana, die Ärzte, Green Day. Und unsere Nachmittage? Beverly Hills

90210, Melrose Place oder MTV – Stundenlanges
Warten, bis endlich dein Lied auf dem Musikkanal
lief. Es war die ultimative Geduldsprobe, aber wenn
es dann kam, war die Welt perfekt.

Unsere Kinder werden das nie erleben. Sie werden
nie verstehen, wie es ist, sich mit einem Walkman in
eine Ecke zu verziehen, während die Kassette gerade
so lange hält wie deine Wut auf die Welt. Aber das
soll kein Vorwurf sein – es ist einfach anders.

Wir waren die letzte Generation, die diese analoge
Magie erleben durfte, und ja, ich sage es gerne: Wir
hatten die geilste Zeit. Aber das heißt nicht, dass unsere Kinder keine großartige Zeit haben können. Es
heißt nur, dass wir als Eltern kreativ werden müssen.

Es wird verdammt schwierig, ihnen das Gefühl zu
geben, dass das Leben mehr ist als Follower und
Likes, aber es ist nicht unmöglich.

**Zeig deinem Kind, dass es sich lohnt, anders zu
sein!**

Nicht in der „richtigen Zeit" aufgewachsen zu sein,
ist keine Schande – Nostalgie ist schließlich kein Pri-
vileg unserer Generation. Auch dein Kind kann dieses Gefühl erleben – wenn du es ihm zeigst.

Schnapp dir sein Handy (ja, wirklich, kassier es ein),
leg eine alte CD auf, serviere Limonade und zwing
dein Kind dazu, sich mit dir an den Tisch zu setzen.

Spielt UNO, Monopoly oder irgendein Spiel, das garantiert zu einem kleinen Streit führt – das gehört schließlich dazu. Und wenn das nicht klappt? Dann lass dir von deinem Kind erzählen, welche Ziele und Träume es hat. Hör zu. Urteile nicht. Und wenn es offen wird, gib ihm Tipps, wie es diese Ziele erreichen kann. Sei für diesen Moment nicht die strenge Mutter oder der ernste Vater – sei ein Kumpel. Aber nur für diesen Moment.

Willst du, dass dein Kind aus der monotonen Masse heraussticht? Dann lebe ihm genau das vor. Kinder orientieren sich mehr an dem, was wir tun, als an dem, was wir sagen. Lies ein Buch anstelle auf dein Handy zu starren. Koche eine Mahlzeit von Grund auf, statt einen Lieferdienst zu bestellen. Lass dein Kind sehen, dass es okay ist, anders zu sein – dass es in Ordnung ist, eigene Wege zu gehen und sich nicht von der Masse treiben zu lassen.

Sprich mit deinem Kind über die Schönheit der Vielfalt: Warum es wichtig ist, eigene Meinungen zu haben, statt einfach alles nachzuplappern. Warum es sich lohnt, sich für Dinge einzusetzen, die wirklich bedeutsam sind, auch wenn der Rest der Welt gerade nur auf Social Media scrollt.

Vergiss nicht: Der Alpha in dir muss ab und zu im Zaum gehalten werden, damit dein Kind merkt, dass es gehört wird. Aber wenn der Moment vorbei ist, lass den Alpha wieder auftauchen, denn ohne Führung und Klarheit wird auch der beste Kumpel zur Belastung.

Am Ende willst du kein Kind, das wie ein Zombie
mit der Masse mitläuft. Du willst ein Kind, **das
denkt**, **hinterfragt** und die Welt mit **eigenen Augen**
sieht. Hilf ihm dabei, indem du es ermutigst, mutig
zu sein – auch wenn das bedeutet, anders zu sein.

Man sagt ja, jedes Kind ist einzigartig. Aber ganz ehrlich? Heutzutage kommt es mir oft so vor, als wären
alle gleich. Keiner will wirklich besonders sein. Nicht
im Sinne von „Sonderling" – obwohl auch das einen
Orden verdient hätte – sondern besonders im Sinne
von: clever, gewitzt, kritisch, neugierig. Einer, der
Dinge hinterfragt und nicht blind der Masse wie ein
Lemming folgt.

Nein, ich will, dass mein Kind seinen eigenen Weg
gehen. Wird. Und weißt du was? Mir ist es scheißegal,
wie oft es dabei auf die Fresse fliegt. Denn jedes Mal,
wenn das passiert, werde ich da sein, um es aufzufan-
gen. Ich werde es ermutigen, wieder aufzustehen und
weiterzumachen. Denn Stillstand beginnt nicht mit
dem Scheitern – er beginnt mit dem Aufgeben.

Ich liebe mein Kind. Und genau das werde ich ihm
jeden Tag sagen, bis zum Rest meines Lebens. Und
du wirst das deinem Kind genauso sagen: *„Ich liebe
dich."* Keine Angst, das verscheucht nicht den Alpha
in dir. Im Gegenteil – es zeigt, dass du führen und
lenken kannst, aber auch, dass du hinter dem stehst,
woran du glaubst: **deinem Kind.**

AUF DEN PUNKT GEBRACHT:

✔ **Pubertät ist eine Achterbahn der Unsicherheiten – dein Kind braucht Halt.**

✔ **Egal wie sehr sie dich wegstoßen – sie brauchen dich mehr denn je.**

✔ **Lob und Ermutigung sind wichtig – aber übertreibe es nicht, sonst wirkt es unglaubwürdig.**

✔ **Zeig ihnen täglich, dass du an sie glaubst – auch wenn sie es nicht immer zeigen.**

REBELLION – WENN DEIN KIND DAS SYSTEM HINTERFRAGT

Wie gehst du damit um, wenn dein Teenie sich gegen alles und jeden stellt – inklusive dich?
Von „Ich ziehe aus!" bis „Schule ist sinnlos!" – ja, wer kennt diese Sätze nicht? Diese Drohungen, dieses völlig übertriebene Ausrasten wegen Nichts.

Dein Kind will ausziehen, weil es zu viele und „doofe" Regeln gibt. Ja, dann soll es doch gehen! Aber wohin, frage ich mich dann immer wieder? Nein, natürlich wird es nirgends hingehen – wie auch, ohne Kohle, ohne Ziel und vor allem ohne WLAN? Komm schon!

Warum rebelliert dein Kind überhaupt?

Zuerst einmal ist Rebellion ein Zeichen von Entwicklung. Es hinterfragt Dinge, denkt nach – das ist ein riesiger Fortschritt. Leider ist der Fortschritt für dich ungefähr so angenehm wie ein Zahnarztbesuch ohne Betäubung. Aber hey, es zeigt, dass dein Kind wächst.

Das Problem ist: Niemand mag es, wenn sein eigenes Handeln infrage gestellt wird. Aber bevor du dich angegriffen fühlst, nimm einen Schritt zurück. Frag dich, warum dein Kind so ausrastet. Was steckt wirklich dahinter?

Wenn dein Teenie das nächste Mal brüllt: „Scheiß Schule, ich ziehe aus!", antworte nicht impulsiv mit: „Ja, solange du keine Kinder hast, kannst du machen, was du willst!" Nein, lass diese impulsiven Sätze stecken. Lass dein Kind den Wutausbruch haben und nutze die Zeit, dir einen großen Schluck Kaffee (oder Wodka, wer bin ich zu urteilen?) zu gönnen und lass das Gewitter erst mal toben.

Erst wenn sich der Gollum beruhigt hat, wagst du dich in die Hölle des Zwerges – ich meine Löwen. Setz dich ruhig auf die Bettkante oder an den Schreibtisch. Atme tief durch, denk an deinen inneren Alpha, und halte dich an drei **goldene Regeln: Keine Kraftausdrücke. Keine Vorwürfe. Geduldig bleiben, auch wenn es schwerfällt.**

Führ das Gespräch und zwar mit ruhiger Stimme, fragst du: „Kannst du mir sagen, was dich so frustriert, dass du nicht mehr zur Schule willst?"

„Was macht dich so wütend, wenn du nach Hause kommst?"

„Wie stellst du dir deinen Alltag vor, wenn du in deiner eigenen Wohnung lebst?"

Der Schlüssel hier ist **zuzuhören.**

Wirklich zuzuhören. Keine Augenrollen, kein Lachen, kein „Das meinst du doch nicht ernst." Dein Ziel ist es, die Gründe für die Rebellion herauszufinden.
Vielleicht gibt es ein echtes Problem – Mobbing in der Schule, ein überfordernder Lehrer, Leistungs-

druck. Oder es geht nur darum, sich vor Haushalts-
aufgaben zu drücken. Je nachdem, was dein Kind
sagt, gehst du darauf ein:

Echte Probleme: Sprich mit Lehrern, suche nach
Lösungen und zeige deinem Kind, dass du an seiner
Seite stehst. Bequemlichkeit: Erkläre ruhig, was ei-
genständiges Leben wirklich bedeutet: Miete zahlen,
Stromrechnungen, Einkaufen, Putzen. Mach bewusst,
dass der Luxus zu Hause keinesfalls selbstverständlich ist.

Eine Portion Realität

Wenn dein Kind weiterhin auf „Ich ziehe aus!" besteht, dann unterstütze es auf die sarkastische Weise,
die nur Eltern beherrschen:
Hol einen Koffer, stell ihn auf das Bett und
frag: „Gut, womit willst du anfangen? Der Miete oder
der Stromrechnung?"

Leg einen Haushaltsplan daneben und sag: „Schau
mal, hier kannst du dir ausrechnen, wie viel ein eigenes Leben kostet."

Die Realität ist oft der beste Lehrer. Dein Ziel ist es
nicht, dein Kind bloßzustellen, sondern es zum
Nachdenken zu bringen.

Denk immer daran: Rebellion ist keine Katastrophe –
sie ist ein Teil des Wachstums. Dein Job ist es, ruhig
zu bleiben, die Führung zu behalten und deinem
Kind zu zeigen, dass du es ernst nimmst. Aber du

musst es auch mit der Realität konfrontieren. Denn am Ende des Tages bist du der Alpha – und der Alpha lenkt das Rudel, auch wenn es mal knurrt.

Da du jetzt weißt, wo genau das Problem liegt, ist der nächste Schritt unausweichlich: neue Regeln oder Abmachungen. Klar, du bist der Alpha, und du sagst, wo es langgeht – aber selbst der beste Alpha weiß, dass es nichts bringt, gegen Windmühlen zu kämpfen. Also: Hol dein Kind mit ins Boot.

Das bedeutet:

Kompromisse machen, die für beide Seiten funktionieren. Nein, das ist kein Verrat an deinem Status als Rudelführer – das ist clever.

Klare Aufgaben verteilen: Wenn die Verpflichtungen im Haushalt das Problem sind, dann schau, was deinem Kind besser liegt. Wäsche waschen? Fenster putzen? Müll rausbringen? Irgendwas muss es übernehmen. Es lebt schließlich nicht in einem Hotel.

Schulprobleme direkt angehen: Liegt der Frust an der Schule, dann pack das Problem an der Wurzel. Sprich mit Lehrern, Mitschülern oder – wenn nötig – gleich mit dem Direktor. Das Ziel ist, deinem Kind zu zeigen: „Ich bin an deiner Seite, aber wir lösen das hier zusammen.“

Am Ende geht es darum, deinen Teenie nicht nur zu

führen, sondern auch zu verstehen. Du bist nicht da, um gegen ihn zu kämpfen, sondern um ihn durch diese chaotische Phase zu lenken. Und ja, das bedeutet manchmal, dass du den Alpha in dir kurz zurücknimmst, um zuzuhören – nur um danach die Führung wieder zu übernehmen.
Denn, seien wir ehrlich: Ein Rudel ohne Plan ist Chaos.

Und Chaos können wir uns in diesem Irrenhaus nicht leisten ;-)

AUF DEN PUNKT GEBRACHT:

✔ **Rebellion ist kein Angriff auf dich – es ist ein natürlicher Teil der Persönlichkeitsentwicklung.**

✔ **Diskussionen sind okay – Respektlosigkeit nicht. Setze klare Grenzen.**

✔ **Hinterfragen ist gut – aber dein Kind muss lernen, dass Regeln nicht grundlos existieren.**

✔ **Bleib ruhig, auch wenn dein Teenie provoziert – du bist der Erwachsene, nicht er.**

DIE KUNST DES ZUHÖRENS

Regeln aufstellen, Konsequenzen durchsetzen, Grenzen ziehen – alles wichtig.
Aber jetzt mal ehrlich: Wann hast du deinem Kind das letzte Mal wirklich zugehört?
Nein, ich meine nicht dieses „Ich höre zu, während ich auf meinem Handy scrolle"-Zuhören. Ich meine das richtige Zuhören. Das, bei dem du dich hinsetzt, die Augen deines Teenies suchst und wirklich versuchst zu verstehen, was es dir zu sagen versucht – auch wenn es sich dabei mehr wie ein wildes Tier anhört, das mit Grunzen und Augenrollen kommuniziert.

Und ja, ich höre dich schon stöhnen. „Wieso soll ich mir das antun? Es redet doch sowieso nicht mit mir!" Stimmt, manchmal ist es so. Aber das liegt vielleicht daran, dass wir Eltern nicht immer die besten Zuhörer sind.

Wie oft sagen wir Dinge wie:
„Ach, das ist doch nicht so schlimm!"
„In meinem Alter hatten wir solche Probleme nicht!"
„Warte mal ab, bis du erwachsen bist, dann weißt du, was richtige Sorgen sind!"

Herzlichen Glückwunsch, du hast es in drei Sekunden geschafft, dein Kind komplett zu ignorieren und ihm das Gefühl zu geben, dass seine Gefühle egal sind. Und dann wunderst du dich, dass es sich lieber mit seinen Freunden oder TikTok unterhält?

Und jetzt sieh mich nicht so an. Ja, genau diesen Blick meine ich. Den „Ist sie jetzt völlig durchgedreht?"-Blick. Ich sehe deine Gedanken: „Erst predigt sie von Konsequenz, klaren Ansagen und Alpha-Mentalität – und jetzt soll ich mich plötzlich hinsetzen und zuhören? Soll ich als nächstes noch Händchen halten und Tee kochen?"

Ganz ehrlich? Ich verstehe dich. Ich verstehe dich so sehr, dass ich mich selbst frage, ob meine Medikation vielleicht neu eingestellt werden muss. Denn dieser Quatsch, den ich hier erzähle, klingt garantiert wie das Endprodukt von Nebenwirkungen.

Aber – und jetzt kommt das große Aber – es ist kein Quatsch. Stell dir mal vor, du sitzt mit deinem Teenietier am Tisch und führst ein erwachsenes Gespräch. Kein Arme-verschränken, kein vorwurfsvoller „Ich-bin-der-Boss"-Blick. Stattdessen eine entspannte, gelassene Art, bei der ihr über seine Zukunftspläne redet – und dabei auch noch Spaß habt.

Ja, das wäre doch mal was, oder?

Das klingt vielleicht wie ein Szenario aus einer Parallelwelt, aber es ist machbar. Es erfordert nur ein wenig Geduld, Selbstbeherrschung und das Wissen, wann du den Alpha-Modus ausschaltest – nur für diesen Moment.

Denn das Geheimnis liegt darin, dass Teenager nicht immer nur widersprechen, um dich in den Wahnsinn zu treiben. Oft suchen sie Bestätigung, Verständnis oder einfach nur einen sicheren Raum, um ihren Frust abzuladen. Also, wie gehst du das an?

Setz dich hin, am besten mit einem Kaffee (du) und einer Cola (für dein Kind – Teenager und Koffein? Keine gute Idee, es sei denn, du möchtest die Auswirkungen eines Hurricanes live erleben).

Dann sagst du nicht sowas wie „Hey, ich habe heute darüber nachgedacht, wie ich damals war…" (Glaub mir, da verlierst du dein Kind sofort.) Sag stattdessen: „Ich will wirklich hören, was dich beschäftigt."
Das wird erstmal Skepsis hervorrufen. Dein Kind wird dich ansehen, als ob du gerade verkündet hast, es dürfte nie wieder W-Lan benutzen.

Aber wenn du durchhältst, wirst du überrascht sein, was passiert – vielleicht hörst du sogar etwas, das dich stolz macht. Und wenn nicht, hast du es zumindest versucht. Und manchmal ist genau das alles, was zählt.

Vorleben statt Reden

Und jetzt kommt das Wichtigste: Wenn du möchtest, dass dein Kind dir zuhört, musst du es ihm vorleben. Ja, das bedeutet:

**Dein Kind soll beim Essen das Handy weglegen? Dann leg du deins auch weg.
Du willst, dass es sich respektvoll ausdrückt? Dann schreie es nicht an, sondern rede mit ihm auf Augenhöhe.**

Du erwartest Ehrlichkeit? Dann sei selbst ehrlich.

Teenager riechen Doppelmoral auf zehn Kilometer Entfernung. Sie werden nicht das tun, was du sagst – sie werden das tun, was du tust.

Ein kleines Beispiel aus dem Leben:

Ich wurde mal von einer Mutter eingeladen, die meinte, ich solle ihr helfen, ihre Tochter zu „bändigen". Sie hörte angeblich nicht zu, half nicht im Haushalt und war respektlos. Also durfte ich mal live dabei sein. Mittagessen. Die Mutter ruft ihre Kinder. Statt sich die Hände zu waschen, rennen sie einfach an den Tisch, das Essen dampft schon.

Plötzlich sehe ich, wie der 12-jährige Sohn sich sein Handy ans Glas lehnt und während dem Essen YouTube schaut. Die Mutter? Sagt nichts.

Ich frage: „Darf er das immer?" Sie zuckt resigniert die Schultern. „Eigentlich nicht, aber sonst isst er gar nichts…"

Ah ja. Dann ist es ja klar, warum die Tochter die Hausregeln ignoriert. Regeln sind offensichtlich dehnbar.
Ich nehme die Sache in die Hand. „So, meine Lieben, alle mitkommen!" Die Kinder murmeln, folgen mir aber ins Bad. Wir waschen uns die Hände (was anscheinend eine völlig neue Erfahrung für sie ist) und

setzen uns dann wieder hin. Handy? Habe ich konfisziert.nUnd was soll ich sagen? Sie haben das Essen überlebt. Was ich damit sagen will: Kinder hören nicht auf das, was wir sagen. Sie schauen sich an, was wir tun.

Praktische Tipps – Zuhören für Anfänger

Keine Vorträge.
Teenager hassen es, belehrt zu werden. Spare dir lange Monologe. Kurze, klare Fragen bringen dich weiter.

Zuhören, ohne sofort zu bewerten.
„Das ist doch Quatsch!" oder
„Stell dich nicht so an!" killt jedes Gespräch.
Hör erstmal zu. Reagiere später.

Zeige Interesse an dem, was sie beschäftigt.
Ja, auch wenn du keine Ahnung hast, warum dieses eine YouTube-Video ach so lustig ist oder warum es gerade das Drama des Jahres ist, dass Lisa mit Tim Schluss gemacht hat. Für dein Kind ist es wichtig. Also tu nicht so, als wäre es egal.

Nimm dir Zeit – auch wenn es unpassend ist.
Teenager öffnen sich dann, wenn sie es wollen – nicht, wenn es dir gerade passt. Sei bereit. Auch wenn es nachts um halb eins ist und du eigentlich schlafen wolltest.

Lass sie sich ausreden.
Wenn dein Kind sich einmal öffnet, unterbrich es

nicht. Warte ab. Stell am Ende Fragen. Und ja, es kann sein, dass du Dinge hörst, die du lieber nicht wissen wolltest. Aber das ist der Preis dafür, dass es mit dir redet.

Ja, Teenager sind anstrengend. Aber es ist verdammt wichtig, dass du nicht nur Regeln aufstellst, sondern auch zuhörst. Denn am Ende des Tages wollen sie genau das – gehört und verstanden werden.

Und denk dran: **Wenn wir mehr auf die Kleinsten hören würden, hätten wir nicht die Hälfte der Probleme, die wir verzweifelt zu lösen versuchen.**

AUF DEN PUNKT GEBRACHT:

✓ **Zuhören heißt nicht warten, bis du selbst reden kannst – es bedeutet echtes Verstehen.**

✓ **Teenies öffnen sich nur, wenn sie spüren, dass sie ernst genommen werden.**

✓ **Manchmal wollen sie keine Lösung, sondern einfach nur jemanden, der zuhört.**
✓ **Ein offenes Ohr stärkt das Vertrauen – und verhindert, dass sie sich von dir entfernen.**

GRENZEN SETZEN, OHNE AUSZUTICKEN

Regeln aufstellen klingt einfach, oder? So wie: "Ich werde nie zu McDonald's gehen, nur weil mein Kind weint!" – und dann sitzt du drei Tage später mit einem Happy Meal in der Hand im Auto und fragst dich, wie es dazu gekommen ist.

Grenzen setzen ist wie Diäten: Am Anfang bist du motiviert, aber wenn der Druck steigt, schmeißt du alles über Bord. Dein Teenie merkt das natürlich sofort, denn sie sind echte Profis darin, Schwachstellen zu finden. Sie sehen dich an wie ein Schachmeister den Gegner: „Aha, da kann ich sie kriegen."
Aber keine Sorge. Hier kommt der Guide, wie du Grenzen setzt, ohne dabei den Verstand oder dein Kind zu verlieren.

1. Klare Regeln, kein Blabla

Überleg dir vorher, was für dich wirklich wichtig ist. Nicht jedes Problem ist einen Machtkampf wert. Möchtest du, dass dein Teenie im Haushalt hilft? Okay, aber sag genau, was das heißt: „Deine Aufgabe ist es, den Müll rauszubringen und dein Zimmer einmal pro Woche aufzuräumen."

Vermeide schwammige Aussagen wie: „Mach einfach mehr im Haushalt." Dein Teenie wird dich ansehen, als hättest du gerade auf Griechisch gesprochen. Je präziser deine Regeln sind, desto weniger Schlupflöcher gibt es.

2. Konsequenzen, die wirken

Drohe nie mit Dingen, die du nicht durchziehen
kannst. „Ich nehme dir das Handy für immer weg!"
Klar, das klingt stark, aber wenn du es zwei Stunden
später wieder zurückgibst, weil du Ruhe willst, hast
du deine Glaubwürdigkeit pulverisiert.

Stattdessen: „Wenn du deine Aufgaben nicht machst,
bleibt das Handy 24 Stunden bei mir." Realistisch.
Durchsetzbar. Und glaubwürdig. Dein Teenie wird
wissen, dass du es ernst meinst.

3. Diskutiere nicht wie ein Politiker

Teenager sind geborene Anwälte. Sie werden Argumente finden, von denen du nicht einmal wusstest,
dass sie existieren. Aber weißt du, was noch besser
ist? Du musst dich darauf gar nicht einlassen.
Hör dir alles an, nick, und sag dann: „Nein." Du bist
kein Richter in einem Fernsehgericht. Du bist der
Alpha. Diskussionen sind Zeitverschwendung – für
dich und dein Kind.

4. Kontrolliere deine innere Drama-Queen

Ja, es wird Momente geben, in denen du innerlich explodieren willst. Dein Teenie wird Türen knallen,
schreien und dich anstarren, als wärst du der Bösewicht in einem schlechten Film. Aber hier kommt der
Schlüssel: Bleib ruhig.

Wenn dein Teenie explodiert, sei der Eisberg zur Titanic. Atme tief durch. Geh in ein anderes Zimmer. Iss eine Schokoladentafel. Mach alles, außer laut zu werden. Wenn du die Kontrolle verlierst, verlierst du die Macht – und das weiß dein Kind. Ein Alpha bleibt gelassen.

5. Keine Zeit zum Verschwenden

Bleib beim Gespräch auf Kurs. Kein Ausarten, kein Philosophieren über die großen Fragen des Lebens, wenn dein Ziel ist, dass das Zimmer aufgeräumt wird. Dein Teenie hat sowieso eine Aufmerksamkeitsspanne von fünf Minuten – wenn überhaupt. Spar dir und ihm die Zeit und komm auf den Punkt.

Sei der Alpha, nicht der Hampelmann

Grenzen setzen ist nicht dafür da, dein Kind zu quälen. Es ist dafür da, ihm zu zeigen, wie die Welt funktioniert. Wenn du jetzt nicht konsequent bist, lernt dein Teenie, dass Regeln verhandelbar sind – und glaub mir, das willst du nicht.

Zeig deinem Kind, dass Regeln Respekt bedeuten, nicht Willkür. Und denk daran: Grenzen sind nicht das Ende der Welt. Sie sind das, was deinem Teenie hilft, später in dieser verrückten Welt zu überleben. Und jetzt?

Geh da raus und setz die verdammten Regeln durch. Du schaffst das. (Und wenn nicht, denk dran: Der Wodka steht immer bereit.

AUF DEN PUNKT GEBRACHT:

✔ Grenzen setzen bedeutet nicht Schreien – es bedeutet Klarheit.

✔ Weniger reden, mehr handeln: Konsequenzen wirken stärker als Drohungen.

✔ Bleib ruhig, auch wenn dein Teenie Drama macht – je entspannter du bist, desto schneller endet der Streit.

✔ Konsequenz ist der Schlüssel: Was du ankündigst, musst du auch durchziehen.

GESCHWISTER-HASSLIEBE: KRIEG UND FRIEDEN IM KINDERZIMMER

Geschwister: Fluch und Segen in einem Paket.
Sie kommen im Doppelpack, Dreierpack oder sogar als ganze Fußballmannschaft – und bringen dir eine Mischung aus Lachen, Chaos und völliger Verzweiflung. Aber eines ist sicher: Mit Geschwistern gibt es keine neutralen Zonen.

Es gibt nur zwei Modi:

Krieg: Sie können sich auf den Tod nicht ausstehen.

Bündnis: Sie schließen sich zusammen, um dich komplett in den Wahnsinn zu treiben.

Wenn Krieg herrscht

Der Klassiker. Es geht los mit einem harmlosen Streit um eine Fernbedienung, einen Stift oder wer mehr Cornflakes in der Schüssel hat.
Innerhalb von Sekunden eskaliert das Ganze zu einem Drama, das an antike Schlachten erinnert.

„Er hat angefangen!"

„Nein, sie hat zuerst..."

„Mamaaaaa, er hat mir MEINEN Platz auf der Couch geklaut!"

Und du? Du stehst daneben, als wärst du Teil eines schlechten Sitcom-Skripts, und fragst dich: „**Warum? WARUM hab ich jemals gedacht, ein zweites Kind wäre eine gute Idee?**"

Dein Job in solchen Momenten?
Friedensverhandlungen. Oder zumindest den Schaden minimieren.

Mein Tipp:

Trenne sie, bevor sie sich gegenseitig skalpieren. Setz sie an entgegengesetzte Enden des Hauses. Und sag ihnen: **„Kommt erst wieder raus, wenn ihr ein Friedensabkommen unterzeichnet habt!"**

Wenn sie sich verbünden

Manchmal, nur manchmal, schließen sie Frieden. Aber nicht, weil sie dich lieben oder Mitleid mit dir haben.
Nein, sie schmieden eine Allianz – und zwar gegen dich.

Plötzlich sind sie die besten Freunde. Sie teilen sich geheime Blicke, flüstern hinter deinem Rücken und brechen zusammen in schallendes Gelächter aus, wenn du den Raum betrittst.
Das ist nicht mehr dein Zuhause. Das ist jetzt ihr Hauptquartier. Sie decken sich gegenseitig bei jeder noch so dummen Aktion:
Die Vase ist kaputt? **„Das war der Wind!"**
Die Schokolade aus dem Schrank ist

verschwunden? **„Keine Ahnung, wo die hin ist.“**
Warum riecht das Badezimmer plötzlich nach einem
Chemielabor? **„Wir haben nichts gemacht.“**

Wie brichst du das?

Ganz ehrlich? Gar nicht.

Aber was du machen kannst, ist, **ihnen klarzuma-
chen, dass das hier nicht ihr privates Anarchie-
Land ist.**

Regel Nummer 1: Wenn einer Mist baut, werden
alle bestraft.

Regel Nummer 2: Wenn einer etwas Gutes tut, werden alle gelobt.

Das verwirrt sie so sehr, dass sie vielleicht – nur vielleicht – kurzzeitig aufhören, dich wie den Feind zu
behandeln. Und wenn nicht? **Nun, dann hast du es
wenigstens versucht.**

Dein Plan B: Zieh dich zurück

Wenn sie im Krieg sind, lass sie kämpfen.
Wenn sie sich verbünden, lass sie planen.
Deine Aufgabe ist es, nicht direkt einzugreifen, sondern aus der Distanz zu lenken. **Wie ein General,
der die Truppen beobachtet und nur dann ein-
greift, wenn es wirklich brenzlig wird.
Aber was, wenn es brenzlig wird?**

Dann nimm einen tiefen Atemzug. Und wenn das nicht reicht, nimm dir einen Wodka. Oder zwei. Beobachte, wie sie sich gegenseitig ihre Argumente an den Kopf werfen – bis sie merken, dass sie keine andere Wahl haben, als miteinander klarzukommen.

Wenn es zu viel wird

Okay, wenn du das alles weder mit Wodka noch mit Ironie aushältst, bleibt dir nur noch eine Möglichkeit: **Das Machtwort.**

„So, das reicht jetzt. Raus mit euch. Klärt das draußen, aber lasst mich aus der Sache raus. Ich will keine Kriegserklärung, ich will Frieden."

Und wenn sie draußen fertig sind? Dann kommt der wichtigste Teil: **Das Gespräch.**

Ich weiß, ich weiß, du kannst keine „außerordentlichen Sitzungen" mehr ertragen. Ich kotze solidarisch mit dir. Aber ohne geht es nicht.

Setz dich mit ihnen zusammen und sag:
„Ich weiß, ihr liebt euch. Tief im Inneren. Aber wenn ihr euch noch einmal die Köpfe einschlagt, wird es Sanktionen geben. Und wenn ihr zusammenarbeitet, gibt's Belohnungen."

Und dann? Dann erinnerst du sie daran, **dass du der General bist.** Sie können sich so oft verbünden oder streiten, wie sie wollen – **aber die Regeln machst immer noch du.**

Fazit:
Geschwisterkrieg gewinnst du nicht. Aber du kannst ihn strategisch lenken, damit du am Ende nicht komplett untergehst.

Denk daran: **Du bist der General, nicht der Fußsoldat.** Und wenn es wirklich hart auf hart kommt, mach dir bewusst: **Die werden irgendwann ausziehen.**

IRGENDWANN! Und bis dahin, bleib stark – für dich, deine Kinder, aber vor allem für deine Leber.

So, und mit diesem beruhigenden Gedanken lasse ich dich allein.

AUF DEN PUNKT GEBRACHT:

✓ **Geschwister streiten – das ist normal. Aber es gibt klare Grenzen.**

✓ **Nicht jedes Drama braucht deine Einmischung – lass sie lernen, Konflikte selbst zu lösen.**

✓ **Kein Kind sollte dauerhaft das „Opfer" oder der „Bösewicht" sein – Fairness ist entscheidend.**

✓ **Erinnere deine Kinder daran: Sie sind nicht nur Rivalen, sondern auch Teamplayer fürs Leben.**

ELTERN-BURNOUT: WENN DU KURZ DAVOR BIST, DEIN KIND BEI EBAY ZU VERSTEIGERN

Wäre es nicht genial, wenn es eine **Babyklappe für Teenager** gäbe? Einfach das „Problem" abgeben, durchatmen und direkt ins nächste Restaurant spazieren.

Dort gönnst du dir ein drei-Gänge-Menü à la Carte, genießt die absolute Stille – und schießt dich danach mit einer Flasche Wein, so teuer wie die Schulbücher deines Kindes, in eine andere Dimension.

Der Himmel auf Erden!

Aber nein – das geht natürlich nicht.
Erstens, weil so eine „Teenager-Klappe" spätestens nach einer halben Stunde aus allen Nähten platzen würde. Und zweitens, weil dann diese lästigen Fragen kommen:

„Wo sind denn deine Kinder?"
„Warum schreit ihr nicht mehr in der Wohnung rum?"
„Woher kommt dieses Lächeln in deinem Gesicht?!"

Bäh. Wie anstrengend.

Dabei hast du doch nur einen ganz harmlosen Gedanken gehabt:
„Ich könnte das Ding bei eBay reinstellen – mit realistischen Produktbildern versteht sich.

Ein mürrisches Gesicht, eine nachlässige Körperhaltung und ein Handy, das permanent am Gesicht klebt."

Gut, der Artikelstandort müsste anonym bleiben – man will ja nicht riskieren, dass das Jugendamt auf der Matte steht. Aber mal ehrlich, der Gebrauchtmarkt für genervte Eltern wäre gigantisch!

Und dann?

Dann überlegst du dir vielleicht, dass du dein Kind doch lieber behältst – weil du ahnst, dass der Käufer es spätestens nach drei Tagen an dich zurückschickt.

Symptome des Eltern-Burnouts: Wenn du in den Wahnsinn driftest, ohne es zu merken

Es gibt ein paar sichere Anzeichen dafür, dass dein Eltern-Ich auf Autopilot läuft und du gefährlich nah am Wahnsinn entlangschlitterst.

Eines der schlimmsten ist, wenn du plötzlich die Lieblingssongs deines Teenagers nicht nur mitsummen, sondern auch MIT SINGEN kannst.

Bei Kleinkindern ist das noch süß – „Aramsamsam" oder „Bibi & Tina" hat uns allen mal das Hirn geflutet. Aber wenn du die aktuellen Musikgeschmacksverirrungen deines Teenagers fehlerfrei trällerst, dann weißt du:

Es ist vorbei.
Du bist infiltriert.
Dein Hirn ist weichgespült.

Das Schlimmste daran? Du kannst nichts dafür.
Du bist einfach zu oft in diesem verdammten Auto
gesessen, in dem deine Brut auf voller Lautstärke
diesen unverständlichen Soundmüll gepumpt hat, bis
er sich in dein Gedächtnis eingebrannt hat.

Und egal, mit wem du darüber sprichst – jede Generation behauptet, dass die Jugendmusik ihrer Zeit der
größte Müll war.

Aber zu unserer Verteidigung: Unsere Musik hatte
wenigstens einen geilen Beat, einen Hammertext und
knallte richtig rein.

Heutzutage ist das Einzige, was knallt, der Korken
der Flasche, die du dir zwangsläufig reinziehen musst,
um diesen Mist zu ertragen. Aber es wird noch
schlimmer! Denn wenn du Pech hast, entwickelt dein
Teenie einen völlig absurden Seriengeschmack, den
du nun notgedrungen mittragen musst.

Mein Kind zum Beispiel? Koreanische Dramaserien.
Ja, genau – K-Drama.
Und glaub mir, das ist ein verdammtes DRAMA.
Denn nicht nur, dass diese Serien auf KOREA-
NISCH sind – nein, sie laufen auch noch mit Unterti-
teln!

Weißt du, was das bedeutet?

Es bedeutet, dass in meiner Wohnung regelmäßig unverständliches Gebrabbel durch die Lautsprecher dröhnt, während mein Teenie gebannt auf den Bildschirm starrt.
Ich schwör's dir: Wenn ich nicht das Bild dazu hätte, könnte ich nicht unterscheiden, ob da gerade jemand ein Geschenk auspackt oder um sein Leben fleht.
Und währenddessen sitze ich da.

Müde. Verloren. Innerlich tot.

Und ich frage mich:
Wie bin ich hier gelandet?
Warum gucke ich das mit?!
Und warum zur Hölle finde ich es mittlerweile sogar spannend?!

Das ist Eltern-Burnout auf Level Endgegner.

Denn fassen wir mal zusammen:
Ich habe ein Teenie, das schlimmer explodiert als eine Bob-Omb in Super Mario.

Ich kann die Scheiß-Songs mitsingen, die ich eigentlich hasse.

Ich verstehe mittlerweile koreanische Serien – und finde sie nicht mal mehr schlimm.
Und trotzdem habe ich noch kein Burnout?
Das grenzt an ein Wunder.

Und als wäre das alles nicht genug, müssen wir uns auch noch gegen kleine, geniale Manipulatoren wehren. Und glaub mir, die Tricks deiner Kinder begannen nicht erst in der Pubertät – nein, sie haben dich von Tag 1 an um den Finger gewickelt. Ich zeige dir wie, im nächsten Kapitel.

AUF DEN PUNKT GEBRACHT:

✓ **Elternsein ist anstrengend – und es ist okay, wenn du dich manchmal überfordert fühlst.**

✓ **Selbstfürsorge ist kein Luxus, sondern eine Notwendigkeit. Du kannst nur geben, wenn dein Akku nicht leer ist.**

✓ **Es ist in Ordnung, um Hilfe zu bitten – niemand muss das alles allein schaffen.**

✓ **Mach dir bewusst: Diese Phase geht vorbei. Halte durch und vergiss nicht, auch mal zu lachen.**

LÜGEN, SCHUMMELEIEN & AUSREDEN

Mein Kind war gerade mal drei Wochen alt, als es begann, die Menschen um sich herum perfide zu manipulieren. Ja, du hast richtig gelesen:
DREI WOCHEN!

Und das Schlimmste daran? Es hat funktioniert.

Bis zu diesem Tag hätte ich nie geglaubt, dass ein Baby – so unschuldig, so süß, so winzig – bereits die Kunst der Manipulation beherrscht.

Aber dann kam der 05. Mai 2010.
Ich erinnere mich an jedes Detail, als wäre es gestern gewesen.

Ich saß mit einer Kundin am Tisch und besprach ein Projekt, während meine Tochter friedlich in ihrem Reisebett im Nebenzimmer lag.
Ich hatte das Babyfon an – nicht, weil ich übervorsorglich war, sondern weil ich Angst hatte, dass sie aus dem Bett teleportiert oder vom Teufel höchstpersönlich abgeholt wird. Man weiß ja nie.

Da lag sie also, brabbelte vor sich hin, völlig entspannt. Und dann – DING-DONG.
Die Tür öffnet sich, und eine leise Klingel ertönt.
Ich sah kurz hoch, hörte durch das Babyfon, wie sie genau gar nichts tat.
Keine Reaktion. Null. Aber dann geschah es.

"Hallo!" – Die Stimme meiner Schwester hallte durch
den Raum. Und plötzlich, als hätte jemand einen ge-
heimen Schalter in ihrem Kopf umgelegt, ging die
SIRENE los. Aber nicht irgendein Sirenen-Geheul.
Nein, nein – ein Jammern auf höchstem Niveau.
Ein Weinen, das kein echtes Weinen war.
Es war perfekt getimte, taktische Erpressung.

Meine Schwester? Steuerte in einem geraden Laser-
pointer-Kurs ins Nebenzimmer.
"Ja wo ist denn meine kleine süße Zuckermaus?"
Und zack, kaum hatte sie meine Tochter auf dem
Arm, war die Sirene verstummt.
Als hätte jemand den Stummknopf gedrückt.

Ich saß da. Mit offenem Mund.
Und in diesem Moment wurde mir klar:
Dieses Baby hat es geschnallt.
Es weiß jetzt schon, wie es bekommt, was es will.
Und es wird diese Macht gnadenlos einsetzen.

Ja, ich höre dein ungläubiges Kopfschütteln bis hier-
her. „Will die mich verarschen? Ein drei Wochen altes
Baby kann doch keine manipulativen Tricks
anwenden!"

Tja, mein Freund. Ich hätte es auch nicht geglaubt.
Aber ich war live dabei, als meine Tochter sich wie
eine kleine böse Hexe der Menschensteuerung be-
diente.
In einer anderen Zeit – sagen wir, ein paar hundert
Jahre früher – hätte ich sie direkt als Hexe verbrannt.

Aber gut, wir leben in einer zivilisierten Welt.
Und heute kann ich sagen:

Kinder sind geborene Manipulatoren.

Sie testen dich aus, sie durchschauen dich schneller,
als dir lieb ist, und sie wissen ganz genau, wie sie dich
weichklopfen können. Du dachtest, die Manipulation
fängt erst mit den ersten Taschengeld-Verhandlungen
an? Falsch gedacht. Ich verrate dir ein Geheimnis:
Dein Kind hat dich schon lange vor der ersten „Ich-
hab-meine-Hausaufgaben-vergessen"-Lüge in der Ta-
sche gehabt. Und du bist ihm auf dem Leim gegangen. Gratuliere!

AUF DEN PUNKT GEBRACHT:

✔ **Alle Kinder manipulieren – die Frage ist, ob du
es erkennst.**

✔ **Wenn du inkonsequent bist, lernt dein Teenie,
wie er dich austricksen kann.**

✔ **Bleib wachsam: Lügen sind normal, aber ständiges Täuschen ist ein Warnsignal.**

✔ **Setze klare Konsequenzen – und halte dich daran, sonst verlierst du an Glaubwürdigkeit.**

ZURÜCK ZU DEN BASICS – WEIL DEIN KIND SONST ALS VERWÖHNTES TOASTBROT ENDET!

Die harte Realität: Dein Kind kann TikTok, aber weiß nicht, wie eine Waschmaschine funktioniert.

Es gibt gewisse Dinge, die ein Teenie lernen MUSS, bevor es die schützenden Mauern deines Zuhauses verlässt – und nein, dazu gehört nicht, wie man den perfekten Instagram-Filter einstellt oder ein Fortnite-Match gewinnt.

Ich rede von den BASICS. Den Fähigkeiten, die im echten Leben zählen: Kochen, Wäsche waschen, mit Geld umgehen, eine Steuererklärung lesen (okay, das ist advanced Level, aber du verstehst, worauf ich hinauswill).

Ich weiß, du denkst jetzt vielleicht: „Ach, das kommt schon irgendwann von alleine." Ähm, nein. Weißt du, was von alleine kommt? Schimmel in ihrer dreckigen Tasse, die seit drei Wochen unterm Bett steht. Die Einsicht, dass sich Essen nicht von selbst in den Kühlschrank teleportiert, kommt nämlich nicht einfach so – die muss mit Liebe, Konsequenz und vielleicht ein bisschen psychologischer Kriegsführung eingetrichtert werden.

Hilfe, mein Kind denkt, Essen wächst im Kühlschrank!

Es ist ein Phänomen, das mich jedes Mal aufs Neue in den Wahnsinn treibt. Die Kühlschrank-Tür öffnet sich, das Kind starrt fünf Minuten lang hinein, als würde dort ein magisches Portal ins Schlaraffenland versteckt sein. Dann kommt dieser Satz:
„Hier gibt's NIX zu essen!"

Wirklich? Gar nichts? Also abgesehen von den zehn verschiedenen Sorten Brot, drei Sorten Käse, Joghurt, Obst, Gemüse und dem ganzen anderen Zeug, das DU mit DEINEM hart verdienten Geld gekauft hast? Ja, genau. „Nichts zu essen" heißt übersetzt: „Kein Fertigfraß, der mir innerhalb von zehn Sekunden in den Mund fliegt."

Also, mein Lieber, es ist Zeit für eine harte, aber notwendige Lektion: Leben ohne Mikrowellen-Fertiggerichte.

Kochen für Anfänger (Überleben in der Wildnis)

Glaub mir, dein Kind wird es dir eines Tages danken, wenn es nicht in der ersten eigenen Wohnung verhungert, weil Lieferdienste zu teuer sind und Instant-Nudeln irgendwann auch nicht mehr geil schmecken.

Phase 1: Bring ihm bei, ein Spiegelei zu braten. Klingt simpel? Hast du schon mal einen Teenie dabei beobachtet? Hochgefährlich. Halte ein Feuerlöschspray bereit.

Phase 2: Nudeln mit Pesto. Weil man da fast nichts falsch machen kann.

Phase 3: Etwas Anspruchsvolleres, wie eine einfache Bolognese oder Pfannkuchen.

Phase 4: Der ultimative Bosskampf – ein komplettes Menü kochen, ohne dabei die Küche in Brand zu setzen.

Tipp: Lass dein Kind einmal pro Woche für die Familie kochen. Es wird sich beschweren. Es wird jammern. Aber spätestens, wenn es merkt, dass es sich vor dem Auszug eine Fähigkeit angeeignet hat, die über das Bedienen eines Smartphones hinausgeht, wird es stolz auf sich sein.

Wäsche waschen: Keine Magie, sondern Knöpfe drücken

Ich kann es nicht oft genug sagen: Die Waschmaschine ist KEIN Hexenwerk. Aber für dein Kind könnte es genauso gut ein Relikt aus dem Mittelalter sein. Ein einfaches Regelwerk:

Sortieren: Ja, Farben trennen ist wichtig, außer du willst rosa T-Shirts tragen.

Waschmittel: NEIN, man muss die ganze Flasche nicht reinschütten.

Aufhängen: Klamotten gehören nicht drei Tage feucht in der Trommel vergessen.
Und NEIN, Socken verschwinden nicht durch ein Wurmloch – du hast sie einfach nicht richtig einsortiert.

Geldmanagement: TikTok-Trends zahlen keine Miete

Es ist faszinierend, wie viel Energie Teenies in das perfekte Outfit oder die neuesten Trends stecken, aber den Unterschied zwischen Brutto und Netto nicht kennen. Hier kommt dein Job ins Spiel: Erkläre deinem Kind, dass Geld nicht auf Bäumen wächst.

Zeig ihm, wie man ein Budget plant.

Lass es mit eigenem Taschengeld haushalten – und auch mal scheitern.

Kleiner Test: Frag dein Kind, wie viel ein Liter Milch kostet. Wenn es „keine Ahnung" sagt, dann weißt du, dass du noch viel Arbeit vor dir hast.

Warum all das? Weil du dein Kind liebst.

Ich weiß, es ist einfacher, alles selbst zu machen. Die Wäsche, das Kochen, das Aufräumen. Aber wenn du nicht willst, dass dein Kind eines Tages völlig planlos in der Welt herumirrt und nur darauf wartet, dass das Leben ihm die Arbeit abnimmt – dann fang heute an.

Es geht nicht darum, das perfekte Elternteil zu sein. Es geht darum, deinem Kind beizubringen, dass es selbst Verantwortung übernehmen kann. Und hey, vielleicht bringt es dir irgendwann sogar Frühstück ans Bett. (Okay, träum weiter. Aber hey, hoffen darf man ja wohl!)

So, jetzt du: Setz dein Kind vor die Waschmaschine, in die Küche oder an den Tisch mit einem Haushaltsbudget und beobachte, wie es wächst – im besten Fall ohne die Wohnung in Schutt und Asche zu legen. Denn eines ist sicher: Dein Kind wird irgendwann ausziehen. IRGENDWANN.
Und bis dahin bleib stark – für dich, dein Kind, aber vor allem für deine Nerven.

AUF DEN PUNKT GEBRACHT:

✓ **Selbstständigkeit ist keine Strafe – Kinder müssen lernen, Verantwortung zu übernehmen.**

✓ **Wer seinem Kind alles abnimmt, zieht einen Erwachsenen heran, der nichts alleine kann.**

✓ **Kleine Aufgaben im Alltag trainieren Eigenständigkeit – von Wäsche waschen bis Rechnungen verstehen.**

✓ **Erziehung bedeutet Vorbereitung auf das Leben – nicht auf ein bequemes Hotel Mama.**

BONUS-KAPITEL: WIE MAN DEN DÄMON BÄNDIGT – EIN ELTERNRITUAL

1. Der Dämon zieht ein

Es begann harmlos. Dein süßes, kleines Kind – mit strahlenden Augen und der unerschütterlichen Überzeugung, dass du alles weißt und kannst. Es gab dir Küsse, zeichnete Herzen für dich und nannte dich „die beste Mama" oder „den coolsten Papa".

Doch dann, eines Nachts, während du friedlich schliefst, zog ER ein: **Der Dämon der Pubertät.**

Am nächsten Morgen siehst du es: Das Haar steht in alle Richtungen, als hätte ein Tornado es liebevoll frisiert. Die Augen sind klein, rot, und blicken dich an wie zwei schwarze Löcher, die dich in die unendliche Tiefe der Resignation ziehen wollen. „Was?!" knurrt das Wesen, während es den Kühlschrank plündert. Du erkennst dein eigenes Kind nicht mehr.

Typische Symptome des Dämons:

Plötzliche Allergie gegen Anweisungen und Vorschläge.
Türenknallen als neue Lieblingssportart.

Augenrollen in Perfektion – und zwar mit einer Drehung, die professionelle Tänzer vor Neid erblassen lässt.

Kommunikationsstil: Eine Mischung aus Grunzen, Seufzen und einem „Ist mir egal", das sich anfühlt, als würdest du gegen eine Wand reden.

2. Das Schamanen-Ritual – Wenn nichts anderes hilft

Manche Eltern setzen auf Fachliteratur, andere auf Therapiesitzungen. Aber in den wirklich harten Fällen hilft nur noch ein Schamanenritual.

Anleitung für das ultimative Eltern-Ritual:

Der Kreis des Schutzes:

Male mit Kreide einen Kreis auf den Boden – optional auch mit Haferflocken oder Kaffeepulver, falls dein Innerer Monk rebelliert. Dieser Kreis symbolisiert deine letzte Festung gegen das Chaos.

Das magische Zubehör:

Schnapp dir zwei Kochtopfdeckel. Sie sind dein Werkzeug der Macht. Falls du keine Kochtopfdeckel hast, tuts auch ein Nudelsieb.

Die Hymne des Wahnsinns:

Stell dich in den Kreis, zünde ein paar Kerzen an (oder eine batteriebetriebene Lichterkette, falls du Brandschutz groß schreibst), und beginne wild zu

klappern. Währenddessen singst du mit voller In-
brunst: „Lass die Hormone fließen, lass die Pubertät
vergehen!“

<u>Das Tanzritual:</u>

Springe wie ein aufgescheuchtes Huhn im Kreis
herum und schreie, als wärst du die Hauptfigur in einem Horrorfilm. Es ist wichtig, dass dein Kind dich
dabei sieht.
Warum? Es wird denken, dass du endgültig durchgedreht bist – und damit bist du wieder die Autoritäts-
person, die du sein willst.

Wenn dein Teenager dich schockiert ansieht und
fragt: „Was zur Hölle machst du da?“, antworte mit
stoischer Ruhe: „Ich schütze uns vor dir.“

Natürlich löst das keine Probleme. Aber es verschafft
dir ein bisschen Luft, weil Lachen bekanntlich der
beste Stressabbau ist.

3. Die bändige Umarmung – Dein Geheimtrick gegen pubertäre Wut

Nach dem Ritual kannst du in die nächste Phase
übergehen: Die bändige Umarmung. Nein, es ist kein
Angriff. Es ist eine Notfallmaßnahme, die selbst den
wildesten Teenie beruhigen kann.

So funktioniert’s:
<u>Der Angriff:</u>

Wenn dein Kind wütend vor dir steht, die Fäuste geballt und bereit für den nächsten verbalen Schlagabtausch, schleichst du dich heran – und zwar leise.

Die Umarmung:

Ohne Vorwarnung umarmst du dein Kind. Fest, aber liebevoll. Ignoriere das strampeln und jammern. Halte durch.

Der Herzschlag-Trick:

Drücke den Kopf deines Teenies sanft an deine Brust, damit es deinen Herzschlag spüren kann. Das beruhigt (nach den ersten fünf Minuten Protest).

Der Wackel-Trick:

Schaukle es sanft hin und her, wie ein übergroßes Baby. Nein, es wird nicht plötzlich Mama rufen, aber es wird zumindest aufhören zu schreien.

4. Verstehen statt Kontrollieren

Wenn die Wogen geglättet sind und dein Kind wie ein zu müder Löwe auf dem Bett liegt, nutze den Moment.
Frag es: „Was macht dich so wütend? Was beschäftigt dich?“ Hör zu, ohne zu urteilen, und sei dir sicher: Oft sind es nicht mal die Eltern, die das Problem sind, sondern die Hormone, der Schulstress oder diese „Dramaqueens“, die sich Mitschüler nennen.

Du wirst erstaunt sein, wie viel du erfährst, wenn du aufhörst, zu reden – und anfängst, zuzuhören.

5. Realität und Rückfall

Hier kommt die bittere Wahrheit: Kein Ritual, keine Umarmung und kein magischer Kreis werden die Pubertät vertreiben. Dein Kind wird morgen wieder knurren, Türen knallen und dich ignorieren.
Aber weißt du was? Jeder Moment des Verständnisses, jedes Lächeln und jede Umarmung baut eine Brücke.

Es wird nie perfekt sein. Aber es wird besser.

6. Humor als Überlebensstrategie

Am Ende des Tages bleibt nur eines: Lachen. Lache über die Absurdität, über die Hormonausbrüche und über deine eigenen Fehler. Niemand ist perfekt. Aber wenn du die Liebe zu deinem Kind und deinen Humor behältst, wirst du diese Phase überstehen.

Und wer weiß? Eines Tages wird dein Teenie erwachsen sein, zurückblicken und sagen: „Du warst zwar peinlich, aber du warst der Beste."

Bis dahin? Tief durchatmen, Kerzen anzünden und weiterkämpfen – wie der Alpha-Wolf, der du bist.

SCHLUSSWORT: EINE MENGE ARBEIT WARTET AUF DICH!

Du hast es bis hierhin geschafft – Glückwunsch!
Aber jetzt geht die eigentliche Arbeit erst los. Du hast gelernt, wie man richtig mit einem Teenietier spricht, wie man zuhört und warum Regeln und Konsequenzen so verdammt wichtig sind.

Klingt in der Theorie alles super, ich weiß. Fast schon wie ein Kochrezept: Einfach machen, und alles wird perfekt.
Aber die Wahrheit?
Jedes Kind ist anders, jede Erziehung ist anders, und was für einen funktioniert, kann bei einem anderen komplett in die Hose gehen.
Trotzdem musst du dir eine Frage stellen:

Wenn du nichts änderst, bleibt alles so, wie es ist. Ist das wirklich das, was du willst?

Wenn die Antwort „Nein" ist – und ich vermute, das ist sie –, dann pack es an. Änderungen in den Alltag zu bringen, ist kein Spaziergang. Es wird herausfordernd sein, anstrengend und manchmal auch frustrierend. Aber glaub mir, am Ende wird es sich lohnen. Ich sage das aus Erfahrung. Ich habe jahrelang mit Kleinkindern, Teenies und Erwachsenen gearbeitet und kann dir eines garantieren: **Die Kinder sind nie das Problem. Es sind immer die Eltern.**

Eltern, die es versäumen, ihren Kindern Respekt, Ordnung und Grenzen beizubringen. Eltern, die denken, dass Liebe bedeutet, alles durchgehen zu lassen. Die Stimmen höre ich schon wieder: „Als ob deine Kinder perfekt wären!"

Nein, sind sie nicht. Und das sollen sie auch nicht sein. Aber sie haben Respekt – vor mir, vor anderen und vor sich selbst. Sie kennen die Regeln, wissen, was passiert, wenn sie sie brechen, und sie haben gelernt, dass Freiheit immer auch Verantwortung bedeutet.

Beispiel gefällig? Meine 14-jährige Tochter legt ihr Handy nach der Schule ohne Aufforderung auf die Ladestation im Wohnzimmer. Sie fragt mich, wenn sie es benutzen möchte.

Macht das dein Kind auch? Wahrscheinlich nicht. Aber weißt du was? Das ist okay. Es heißt nicht, dass du das nicht auch hinkriegen kannst. Es braucht nur Zeit, Geduld und klare Ansagen.

Ich will dich nicht bloßstellen oder mit dem Finger auf dich zeigen. Ich sage nicht, dass deine Erziehung komplett für die Tonne ist. Ganz im Gegenteil. Es geht mir darum, dir zu zeigen, wie du es anders – vielleicht sogar besser – machen kannst. Weil du und dein Kind es verdient haben, ein harmonisches Zusammenleben zu finden.

Dein Kind liebt dich, auch wenn es das nicht immer zeigen kann. Aber genau deshalb ist es so wichtig,

dass du deinem Kind jeden Tag sagst, wie sehr du es liebst. Selbst wenn es genervt die Augen verdreht. Selbst wenn es nicht antwortet. Mach es!
Denn am Ende des Tages geht es bei Erziehung nicht um Perfektion, sondern um Klarheit, Konsequenz und eine gute Portion Humor.

✔ Teenies sind keine kleinen Monster – aber manchmal benehmen sie sich so.
✔ Deine Aufgabe ist nicht, sie zu „bespaßen", sondern sie aufs Leben vorzubereiten.
✔ Regeln sind kein Gefängnis – sie sind das Fundament für eine stabile Zukunft.

Und das Wichtigste: **Mach dir nicht zu viele Gedanken, ob du alles „richtig" machst.**
Kein Elternteil der Welt ist perfekt – aber die besten sind die, die es mit Herz und Verstand tun.

Also bleib dran. Bleib der Alpha – aber sei auch der sichere Hafen.

Und vergiss nicht: Eines Tages werden sie erwachsen sein und dir sagen: „Du hattest recht."
Na ja… vielleicht.

Ich wünsche euch alles Gute und eine Zukunft voller Respekt, Liebe und weniger Türenknallen.

Deine Gwen 🩶